죽음 앞에 섰을 때
어떤 삶이었다고 말하겠습니까?

죽음 앞에 섰을 때

인생의 순간순간을 빛나게 할 고전 속 죽음 공부

어떤 삶이었다고 말하겠습니까?

조형권 지음

—

고전에서
죽음을 배우다

얼마 전 대학교 동기 모임에 나갔다. 바쁜 회사와 가정생활로 학생 때의 기억은 이미 아득하고 오랜만에 만난 친구들도 어색했다. 하지만 공통의 추억을 공유하다 보니 벽은 금세 사라졌다. 한창 떠들던 중 누군가 건배사를 했다. "반갑다 친구야, 앞으로 30년도 건강하게 잘 지내자!" 이 말을 듣는 순간 한 생각이 머릿속을 스쳤다.

'지난 30년간 다들 치열하게 살아왔지만, 앞으로 또 다른 30년이 찾아오는 때가 됐구나. 난 이제부터 어떻게 살아야 할까?'

우리는 늘 더 잘 살기 위한 '웰빙(Well Being)'을 고민한다. 관련 책들도 봇물처럼 나오고 있다. 나 역시 잘 살기 위한 방법으로 무엇이 있을지 고민하기 시작했다. 책을 읽고 사람도 만나고 온라인에서 여러 콘텐츠도 보았지만, 내가 내린 결론은 하나였다. 바로 '고전을 통해 죽음을 아는 것'이다.

독일의 시인 베르톨트 브레히트는 "죽음을 그토록 두려워 말라. 못난 인생을 두려워하라!"라고 말했다. 죽음은 외면할 존재가 아니라 마주해야 할 대상이다. 내가 마지막 순간에 어떤 모습으로 죽고 싶은지 고민해 보아야, 반대로 어떻게 살아야 할지 답을 찾을 수 있다.

시간이 아무리 흘러도 절대 변하지 않는 것들이 있다. 그중 하나가 바로 시대와 장소를 가리지 않고 인간사는 비슷하다는 것이다. 오히려 복잡해진 현대에 와서 더욱 핵심을 잃어버렸는지도 모른다.

과거 서애 류성룡은 과거를 반성하여 미래에 대비하기 위해 《징비록》을 지었다고 전한다. 이는 우리가 왜 고전을 읽어야 하는지 명확하게 알려준다. 과거의 기록과 고전을 통해 인생의 핵심을 파악하고, 미리 끝을 상상하며 덜 중요한 것을 가려내는 눈을 키우고, 삶의 가치를 깨달아 가는 과정이 인생에 꼭 필요한 이유와 같은 맥락인 것이다.

나는 이 깨달음대로 고전을 읽고 글을 쓰고 사색하면서, 죽음을 바라보아야 얻을 수 있는 인생의 해답을 찾고 있다. 꾸준히 노력하다 보면 점차 삶과 죽음의 의미가 보이고, 어떻게 살아야 할지 나만의 정답을 찾게 될 것이다.

최근에 읽은 레프 톨스토이(Leo Tolstoy)의 《이반 일리치의 죽음》 역시 올바른 삶과 죽음을 생각하게 했다. 법조인이었던 주인공 이반 일리치에게는 큰 권력을 누리고 싶은 야심이 있었다. 그래서 사교계에 나가 최상류층 사람들의 생활방식을 따라 하며 친밀한 관계를 유지했고, 사교 모임에서 만난 여성과 결혼도 하며 17년간 권력을 누리며 살았다.

어느 날 일리치는 이사 간 새집에서 커튼을 달다가 떨어지면서 창틀 손잡이에 옆구리를 부딪쳤다. 시름시름 앓던 그는 마흔 중반의 나이에 허무하게 세상을 떠나게 된다. 누군가가 그의 죽음을 선언하자, 일리치는 스스로에게 "죽음은 끝났어. 더 이상 죽음은 없어"라고 말한다.

일리치의 마지막을 묘사한 작가의 생동감 넘치는 표현은 우리에게 '죽음'이 무엇인지 다시 한번 생각하게 만든다. 성공한 인생이었지만, 그는 껍데기뿐인 인생을 살았다. 아들과 딸은 아빠가 아파도 공연을 관람하러 밖으로 다녔고, 아내는 일리치가 죽자 바로 퇴직 연금에 대해서 친구에게 상담한다. 절친한 친구들 역시 그의 죽음을 듣고도 머릿속에 온통 그날 밤 열릴 카드 게임만 생각했다.

한사람의 성공한, 그러나 가정과 인간관계에서는 그다지 성공하지 못한 인생을 지켜보면서 앞으로 남은 30년을 어떻게 살아야 할지, 그리고 삶과 죽음에 대해서 더 진지하게 숙고하게 되었다. 남들의 시선에 맞출 것이 아니라 내면의 목소리에 귀를 기울여야 한다는 것을 깨달았다.

죽음을 직시해야 삶에도 의미가 생긴다. 죽음이 없다면 삶은 무료하고, 목적도 없을 것이다. 먼 훗날에 올 죽음을 상상하면서 거꾸로 지금 삶을 돌아본다.

나는 어떻게 살았고, 앞으로 어떻게 살아가야 할 것인가? 이반 일리치처럼 때늦은 후회를 할 것인가? 아니면 지금부터라도 좀 더 의미 있게 인생을 살아야 할까? 유한한 삶이기에 우리는 더더욱 가치와 의미를 찾을 필요가 있다.

부디 이 책을 읽으며 죽음에 대해서 진지하게 생각하고, 어떻게 죽음을 받아들일지 상상해 보기를 바란다. 삶의 의미와 가치는 죽음에게 물어야 알 수 있다. 죽음은 우리에게 많은 해결책을 제시하기 때문이다. 내가 죽음에 임박한 모습을 상상해 보면 지금 고민하는 수많은 문제의 경중이 가려지고 상당수 해결되기도 한다.

내가 인생의 해답을 고전에서 찾았듯, 이 책을 읽는 모든 이가 그러하길 바란다. 고전에는 수백, 수천 년의 지혜가 녹아 있고, 이 지혜를 거울삼으면 소중한 삶을 어떻게 살아야 할지 올바른 방향을 잡게 될 것이다.

조형권

첫 번째
질문

우리는 왜 죽음을 알아야 하는가?

죽음 공부를 시작하며

첫 번째 질문

우리는 왜
죽음을
알아야 하는가?

죽음 공부를 시작하며

사람은 어떻게 죽느냐가 문제가 아니라
어떻게 사느냐가 문제다.

새뮤얼 존슨 Samuel Johnson

죽음의 수용소에서 살아남게 한
단 하나의 원동력

도연명이 시에서 이른다.
"젊음은 다시 오지 않고, 하루에 새벽이 두 번 있기 어렵다.
때에 맞춰서 마땅히 학문에 힘써야 한다. 세월은 사람을 기다리지 않는다."

陶淵明詩云(도연명시운)。
"盛年不重來(성년부중래), 一日難再晨(일일난재신)。
及時當勉勵(급시당면려)。歲月不待人(세월부대인)。"

《명심보감》, 〈권학〉 편에서

삶과 죽음에 관한 수많은 책 중에서 독서 전문가들이 꼽는 대표적인 책이 있다. 바로 빅터 프랭클(Viktor Emil Frankl)의 《죽음의 수용소에서》라는 책이다.

빅터 프랭클은 유대인이다. 제2차 세계 대전 중에 단지 유대인이라는 이유만으로 강제 수용소에 갇히게 되었고, 매일 삶과 죽음의 경계선에 있었다. 오늘 당장 죽어도 이상하지 않을 만큼 수용소의 상황은 열악했고, 포로 대우는 인간 이하였다. 결국 아버지, 어머니, 형제, 아내 등 모든 가족이 강제 수용소에서 죽었고, 오로지 누이만 생존했다. 하지만 프랭클은 자신이 수용소에서 겪었던 처절한 일을 담담하게 기술한다.

처절하고 끔찍한 생존의 이야기를 독서 애호가들이 추천하는 이유는 무엇일까? 아마 인간의 묘한 심리 때문이리라. 누구나 피하고 싶어 하는 절망적인 상황에 빠진 타인을 보며 평범한 일상을 향해 감사함을 느끼고, 절망을 극복한 인간의 위대한 정신력을 찬양하고 싶은 것이다. 이 책의 한국어판 부제로 붙은 '죽음조차 희망으로 승화시킨 인간 존엄성의 승리'라는 말 그대로다.

만약 수용소에 갇힌 유대인이 되어서 언제 가스실에 끌려갈지 모르고, 열악한 환경 때문에 갑자기 병에 걸려서 죽을지도 모른다는 공포 속에 산다면 대부분 그 상황을 견디기 어려울 것이다. 매일 아침부터 저녁까지 죽음과 얼굴을 맞대는 일을 견딜 사람이 얼마나 있을까?

이 책에서 프랭클은 정신분석학자로서 마음을 치료하기 위한 로고테라피(logotherapy) 이론을 주장하는데, 이 이론은 '동기 이론'이라고도 한다. 인간을 움직이는 1차 동기는 '의미를 찾고자 하는 움직임'이며, 이는 힘과 권력, 쾌락에 의한 동기를 앞선다는 주장이다.

프랭클은 죽음을 직면한 절망적 상황에서는 삶의 의미를 찾는 것이 중요하다고 역설하면서, 독일의 철학자 니체(Friedrich Nietzsche)의 말을 인용했다.

'왜(why)' 살아야 하는지 아는 사람은 그 '어떤(how)' 상황도 견딜 수 있다.

배움은
평생의 일이다

중국 동진 말기와 남조 송대 초기를 살았던 시인 도연명(陶淵明)은 '젊음은 다시 오지 않고 하루에 새벽이 두 번 있기 어렵다. 때에 맞춰서 마땅히 학문에 힘써야 한다. 세월은 사람을 기다리지 않는다'라는 시를 썼다.

공자(孔子)가 말년에 얻은 제자인 증자(曾子)는 안연(顔淵)이나 자공(子貢), 자하(子夏), 자장(子張) 등에 비해서 학문적인 성취나 재능이 떨어졌다. 하지만 매일 자신이 배운 것을 제대로 습득했는지 반성하고 목표를 세움으로써 발전했다. 훗날 공자의 손자인 자사(子思)가 증자의 제자가 되었고, 맹자(孟子)가 자사의 학풍을 이어가면서 증자의 가르침이 쭉 이어졌다. 이는 그가 단순히 공부뿐만 아니라 평생 인생을 진지하게 성찰했기 때문에 가능했던 것이다.

도연명은 젊은 시절에 학문하는 일의 중요성을 강조했지만, 사실 배움을 향한 노력은 젊은 시절뿐만 아니라 평생 지속해야 한다. 프랭클이 언급한 '삶의 의미를 찾는 일'도 결국에는 끊임없는 공부와 성찰에서 시작하기 때문이다.

죽음이 있어야
삶도 있다

우리가 죽음을 제대로 마주해야 하는 이유는 하나다. 죽음을 진지하게 성찰해야 비로소 삶의 의미와 목적을 생각하게 되기 때문이다. 내가 왜 살아야 하는지, 어떤 태도로 삶을 살아야 하는지 말이다. 결국 삶과 죽음은 동전의 양면과 같다. 새 생명이 태어나는 동안 또 다른 생명은 역사의 뒤안길로 사라진다. 삶이 있다면 죽음도 있고, 죽음이 있다면 삶도 있다. 우리는 이러한 양면성을 매일 경험한다.

프랭클은 아무런 희망도 없는 수용소에서 살아남은 사람을 '희망을 버리지 않은 사람'이라고 말했다. 어렵고 힘들고 불안하더라도 수용소를 나가 새로운 인생을 시작하겠다는 꿈과 계획이 있다면, 그 상황이 아무리 시궁창 같더라도 살아남을 수 있다는 것이다.

사람은 왜 살아야 하는 것인가? 잘 산다는 것은 무엇인가? 부와 명예를 쟁취하기 위해서 투쟁하는 것인가, 아니면 가족의 안녕과 행복을 위해서 사는 것인가? 모든 것을 다 얻을 수 있다면 좋겠지만 그렇지 않다면 무엇을 선택해야 하는가?

스스로 질문하면서 인생을 돌아보고 성찰해야 미래도 계획할 수 있다. 지난 세월 살아오는 동안 좌충우돌했던 경험을 바탕으로, 앞으로는 조금 더 의미 있게 인생을 설계한다면 많은 것이 바뀔 것이다.

"죽음을 생각한다면, 내가 앞으로 이루고자 하는 것은 무엇일까?" 이제 그 질문에 답을 할 때가 되었다.

미리 죽음을 생각하며
인생을 계획하는
자세를 가져라.

"모든 행동을 마치 인생의 마지막인 것처럼 하라"

바로 이 순간에 당신은 죽을 수 있기 때문에,
모든 행동과 생각을 그에 맞춰서 해야 한다.

Since it is possible that you may depart from life this very moment,
regulate every act and thought accordingly.

마르쿠스 아우렐리우스, 《명상록》에서

많은 사람이 삶의 목적이 무엇인지, 삶을 대하는 올바른 태도가 무엇인지 알고 싶어 한다. 이 궁금증은 존재의 이유에 대한 고민으로 이어진다. 지혜, 용기, 절제, 정의를 실천한 고대 그리스의 스토아학파(Stoic School) 철학자들도 같은 고민을 했다.

스토아학파는 중국 전국시대 무렵 공자의 학통을 계승한 맹자와 순자 등이 활동한 것보다 약간 앞선 시기에 아테네에서 제논(Zeno)을 시조로 시작된 학파다. 영어로 'Stoicism'이라 표기하고, 고통을 묵묵히 감내한다는 뜻이 있다. 스토아학파의 대표 인물에는 고대 로마의 정치가이자 작가였던 키케로

(Marcus Tullius Cicero), 마찬가지로 정치가였던 세네카(Lücius Annaeus Seneca), 그리고 가장 유명한 로마제국의 제16대 황제 마르쿠스 아우렐리우스(Marcus Aurelius Antoninus)가 있다.

"나는 인간으로서 해야 할 일을 하기 위해서 일어난다"

마르쿠스는 화려한 황제의 삶 대신 검소하게 살았고, 정적들을 받아들임으로써 넓은 아량을 선보였다. 어떻게 하면 더 잘 살 수 있을지 평생 치열하게 고민한 끝에 남긴 일기가 바로《명상록》이다. 그는 날이 밝았는데도 일어나기 싫다면 마음속으로 이렇게 생각하라고 말했다.

나는 인간으로서 해야 할 일을 하기 위해서 일어난다.

이 한마디는 마르쿠스의 평생 철학을 그대로 드러낸 말이다. 겉으로 보기에는 모든 것을 갖춘 황제였지만, 그의 삶은 처절함 그 자체였다. 심각한 지병을 앓았고, 가장 신임하던 장군으로부터 배신을 당하기도 했고, 사랑하는 아내를 일찍 떠나보낸 것도 모자라 무려 여덟 명의 자녀가 요절했다.

보통은 자식 한 명을 떠나보내는 것도 감당하기 힘들 텐데 무려 여덟 명이나 먼저 세상을 떠난 것이다. 더군다나 재위 기간 대부분을 전장에서 보냈다. 안락한 궁전의 삶도 누리지 못한 황제인 것이다. 평생 죽음의 그림자가 따라 다녔지만, 그는 네로 황제처럼 폭주하지 않았다. 자신의 운명을 겸허하게 받아들이고 그 안에서 최선을 다하고자 했다.

당시 로마에서는 '안토니우스 역병(천연두나 홍역으로 추측)'이 대유행해 15년간 최소 500만 명이 목숨을 잃었다. 그런 상황에서도 마르쿠스는 꿋꿋하게 로마를 지켰다. 전쟁과 전염병으로 황실의 국고가 바닥이 나자, 세금을 징수하는 대신 황실 장식품을 팔아서 국고를 충당하기도 했다. 이런 상황임에도 죽음에 대한 마르쿠스의 생각은 단순했다.

모든 행동을 마치 인생의 마지막인 것처럼 하라.

심지어 이렇게도 말했다.

인간의 것들이 얼마나 짧고 덧없다는 것인지 항상 명심하라. 어제는 흰자였다가, 내일은 재나 미라로 변한다.

"아침에 도를 들으면
저녁에 죽어도 좋다"

만약 내가 시한부 인생을 살아서 한 달 후에 세상을 떠난다면 어떻게 할 것인가? 단 하루도 허투루 쓰고 싶지 않을 것이다. 일단 가고 싶은 장소를 적어 보고, 먹고 싶은 음식을 마음껏 먹고, 사랑하는 사람들을 만날 것이다. 그렇게 해야 조금이라도 세상을 떠날 때 후회가 없을 것을 알기 때문이다.

우리는 대부분 영원히 살 것처럼 세상을 살고, 심지어 인생이 너무 길어서 지루하다는 생각을 할 때도 있다. 수십 년 뒤에는 예외 없이 모두가 세상을 떠나는 시한부 인생인데 말이다. 진부한 말처럼 들리겠지만, 죽음은 어떤 식으로든 매일 조금씩 다가온다. 누군가에게는 그 길이가 40~50년이고, 또 누군가에게는 1년, 아니면 한 달, 혹은 하루일 뿐이다.

중국의 철학자 공자가 "아침에 도(道)를 들으면 저녁에 죽어도 좋다"라고 말한 것은 하루를 충실히 살면 죽어도 후회가 없다는 말과 일맥상통한다. 건강한 음식을 먹고, 꾸준히 운동을 하고, 좋은 사람과 관계를 맺고, 주어진 것을 겸허하게 받아들이고, 매일 감사한 마음으로 사는 것, 그것이 평소 죽음을 준비하는 사람의 마음가짐이라고 할 수 있다. 결국 이것이 마르쿠스가 강조한 '지금 이 순간에 죽을 수 있다는 것을 생각하고 행동하는 삶'이다.

"나는 지금 이 순간을 온전히 누리며 살고 있는가?" 다음 쪽으로 넘어가기 전 잠시 생각해 보기를 바란다.

인생을 알차게 사는 비결은
지금 이 순간에 죽을 수도 있는
사람처럼 사는 것이다.

공자가 애제자의 죽음을
받아들이며 한 말

죽고 사는 것은 운명에 있습니다.
부귀는 하늘에 달려 있습니다.

死生有命(사생유명), 富貴在天(부귀재천).

《논어》, 〈안연〉 편에서

2023년 4월, 성남시에서 멀쩡하던 다리가 무너졌다. 안타깝게도, 평범하고 행복하게 살던 사람이 세상을 떠났다. 나도 평소에 봤던 다리이고 가끔 운전하여 건넌 적도 있던 곳이다. 그런데 그 다리가 무너질 줄 누가 알았으랴?

과거에도 이런 재난 사고가 있었다. 많은 이들이 기억하는 1994년 성수대교 붕괴 사고가 대표적이다. 이듬해인 1995년에는 삼풍백화점이 무너졌다. 재난영화에서나 볼 것 같던 장면이 눈앞에 펼쳐졌다. 이후로도 가슴 아픈 사고가 너무 많았다.

죽음은 늘
우리 곁에 있다

사실 조금만 주의를 기울였다면 막을 수 있는 인재(人災)도 많았다. 한편으로 생각해 보면 내가 그 사고 현장에 없었던 것은 순전히 우연이었다. 사회 초년생일 때의 일이다. 회사 퇴근 후 인도를 따라서 걷고 있었는데, 낡은 건물에서 떨어진 커다란 벽돌이 내 발 바로 앞에 떨어졌다. 한 발자국만 더 빨리 갔으면 지금 이 글을 쓰고 있지 못했을 것이다.

내 뒤에서 걷던 사람은 깜짝 놀라서 소리를 질렀다. 하지만 난 태연한 척 돌무더기를 바라보고 지나갔다. 아마 그 순간이 너무나 비현실적으로 느껴졌기 때문이었을 것이다. 삶과 죽음이 단지 1미터 남짓한 보폭에 있다니, 도저히 믿기 어려웠다. 그 후로 오래된 건물 사이를 걸을 때면 위를 올려다보는 습관이 생겼다.

이처럼 아슬아슬하게 죽음을 피한 경우도 있고, 이런 경험이 없는 사람도 있을 것이다. 하지만 우리가 자각하지 못한다 하더라도 죽음은 늘 우리 곁에 있다. 길을 걷거나, 운전을 하거나, 심지어 집에 있더라도 사고는 발생할 수 있다. 영화 〈파이널 데스티네이션〉의 주인공들처럼, 어쩌면 죽을 운명인 사람은 아무리 애써도 피할 수 없을지도 모른다. 운명론자가 되라는 것은 아니다. 단지 죽음은 늘 곁에 있기 때문에 언제나 염두에 두어야 한다는 것이다.

죽고 사는 것이
하늘에 달린 일이긴 하지만

《논어(論語)》에서도 공자와 제자들이 종종 '죽음'에 대해 말
하는 것을 볼 수 있다. 공자는 자신의 제자인 백우(伯牛)가 불
치병에 걸리자 창을 통해 그의 손을 잡고 "아, 죽는 것은 운명이
로구나. 이 사람이 이런 병에 걸리다니, 이 사람이 이런 병에 걸
리다니!" 하며 애통해했다.

공자의 애제자인 안연(顔淵)이 요절했을 때는 더욱 안타까
워하며 "아, 하늘이 나를 버리는구나. 하늘이 나를 버리는구
나!"라며 탄식했다. 성인으로 불리는 공자라도 죽음은 어쩔 수
없는 영역이었다. 하늘이 정한 운명이라고 받아들일 수밖에 없
었다.

공자 말년의 제자였던 자하(子夏)는 명석한 두뇌를 자랑하
고 학문을 향한 열의가 대단했다. 그는 훗날 위나라 군주였던
문후(文侯)뿐만 아니라 전국시대의 명장 오기(吳起)의 스승이
되기도 한다.

어느 날 사마우(司馬牛)라는 인물이 근심하면서 자하에게
"다른 사람들은 모두 형제가 있는데 저만 혼자이고 아무도 없

습니다"라고 하소연했다. 그러자 자하는 이렇게 대답했다.

"제가 들은 바로는 '죽고 사는 것은 운명'입니다. 부귀는 결국
하늘에 달려 있습니다. 군자가 공경하는 마음을 갖고 다른 사
람을 예로써 대한다면 이 세상의 모두가 형제와 다름없습니
다. 어떻게 형제가 없음을 근심하겠습니까?"

이 말은 자신이 형제가 없다고 원망하지 말고 받아들여야 하
며, 결국 덕을 닦으면 형제와 같은 좋은 친구들을 사귈 수 있다
는 의미이다.

죽음과 삶이 운명에 있다는 것은 사생유명(死生有命)이고,
명(命)은 운명을 일컫는다. 2,500년 전 고대의 현명한 학자들
도 죽음은 인간의 힘으로 어떻게 할 수 없는 '하늘'의 영역이라
고 여겼다. 한마디로 불가침의 영역인 것이다. 이 때문에 수많
은 사람이 애써 죽음을 외면하려 한다. 통제할 수 없는 일에 대
한 두려움이라고 볼 수 있다. 죽음이라는 단어는 일종의 금기
어가 되고, 입에 올리는 것도 꺼린다. 나에게는 절대로 일어나
지 않을 일이며, 일어난다고 해도 아주 먼 훗날의 일이라고 치
부한다.

그러나 죽음은 언제, 어디서든 일어날 수 있다. 이 사실을 인
지하는 것과 인지하지 못하는 것은 다르다. 인생에 대한 태도

가 180도 바뀌는 것이다. 만약 나의 죽음이 언제든지 발생할 수 있다고 생각하면 한순간이라도 인생을 허투루 살 수 없다. 어떻게 하면 하루를 더 잘 살지, 건강할지, 행복할지, 즐겁게 살지 고민하게 된다.

시시해 보일 수 있다. 그러나 이것이야말로 우리가 죽음을 정면으로 마주해야 하는 가장 적확한 이유이다.

죽음은 늘
나의 옆자리에
앉아 있다는 걸 기억하라.

진시황은 왜 열세 살부터 무덤을 지었을까?

삶을 알지 못하는데 어떻게 죽음을 알겠는가.

未知生(미지생) 焉知死(언지사)。

《논어》, 〈선진〉 편에서

중국을 최초로 통일한 진시황은 젊은 시절 누구보다도 영민한 두뇌와 과감한 결정력, 강한 리더십, 훌륭한 인재 육성 능력을 자랑했다. 열세 살의 어린 나이에 왕의 자리에 올라 26년 만에 천하를 통일했을 때 그의 나이는 고작 39세였다. 마흔도 되지 않은 나이다.

하지만 진시황은 죽음을 무척 두려워했다. 너무 많은 것을 짧은 시간에 이룬 것이 오히려 오랫동안 지키지 못할 것 같은 불안을 안긴 것이다.

죽음이 오는 것을
억지로 막을 수 있는가?

죽음을 향한 진시황의 불안감은 세 가지 형태로 나타났다.

첫 번째로는 전국을 시찰하면서 자신이 이룬 업적을 두 눈으로 직접 확인하려고 했다. 이는 자신의 정치적 공적을 확인하고 성공의 순간을 즐기기 위함이다. 그러나 황제가 한 번 행차하는 데 필요한 길을 닦고 별장을 짓기 위해 수많은 백성이 노역에 동원되었다. 그야말로 생고생이 따로 없었을 것이다.

두 번째는 무덤이다. 진시황은 어린 나이에 즉위했으면서, 그 나이부터 이미 무덤을 만들기 시작했다. 사마천(司馬遷)은 《사기(史記)》에 '진시황은 죽음을 피하려 했으면서도 열세 살에 즉위할 때부터 죽어서 들어갈 묫자리를 파고 있었다. 죽을 무렵이 되어서야 비로소 묘가 완성되었으니 평생 죽을 준비만 한 것이다'라고 기록했다.

진시황릉은 높이만 116미터에 사방 너비가 각각 600미터에 이른다. 현대로 치면 무려 아파트 40층 높이와 맞먹고, 70여만 명의 죄수가 인부로 동원된 공사였다. 무덤 안에는 궁궐과 백관뿐만 아니라 진기한 보물을 배치하고, 도굴을 막기 위해 활과 화살도 제조해 숨겨 두었다. 진시황이 죽자 그의 후궁들도 무덤에 묻히고, 각종 장치를 설계하고 제조한 장인도 마찬가지로 순장당했다.

마지막으로 불로장생의 묘약을 찾기 위해서 전국 방방곳곳에 사람들을 보냈다. 죽음에 대한 두려움은 그렇게 영민했던 진시황도 감언이설에 속고 재물과 시간을 낭비하게 했다.

무리하게 시찰을 다니던 진시황은 갑자기 병에 걸려서 죽었다. 참으로 허무한 죽음이다. 죽음에 대한 불안감을 이기지 못하고 무모한 전국 시찰과 향락에만 빠져든 끝에 스스로 죽음을 재촉한 것이다. 죽음의 신(神)은 늘 그의 곁에서 그 끝을 기다리고 있었다.

갑작스럽게 죽은 진시황은 결국 자신의 죽음조차 제대로 알리지 못했다. 환관 조고(趙高)와 승상 이사(李斯)의 유언장 조작으로 장자인 부소(扶蘇)에게 황위를 승계하지 못했다. 오히려 어리석고 향락이나 즐기던 공자 호해(胡亥)가 황위를 승계하면서 통일 왕국은 고작 15년으로 끝나고 말았다.

사생유명의 이치를
초연하게 받아들일 줄 아는 마음

만약 진시황이 《논어》에서 공자의 제자 자하가 말한 '사생유명(死生有命)'이라는 말을 제대로 이해했다면 어땠을까? 죽음은 불로초(不老草)로 막을 수 없다는 것을 알았다면?

사생유명은 죽고 사는 것은 결국 운명이라는 뜻이다. 죽음에 대해서 초연한 마음가짐을 갖고 있었다면 무리하게 백성을 동원해 수많은 토목 공사를 벌이지는 않았을 것이다. 또한 평생 화려한 무덤을 만드는 데 돈과 시간을 쓰면서, 내세(來世)에도 거대한 무덤 속 궁궐에서 저승을 통치하고자 했던 욕망은 줄었을 것이다.

공자는 늘 죽음에 초연한 마음을 갖고 있었다. "삶을 알지 못하는데 어떻게 죽음을 알겠는가?"라고 강조했고, 현실 정치를 개선해서 이승을 살기 좋은 세상으로 만들고자 했다. 그가 천하를 두루 다니며 춘추시대 말기 정치가들에게 '인(仁)'과 '예(禮)'에 기반한 통치를 주장한 이유이기도 하다.

임금은 임금답게(君), 신하는 신하답게(臣), 백성은 백성답게(民) 자신이 맡은 분야에서 최선을 다한다면 충분히 좋은 세상을 만들 수 있다는 믿음이었다. 물론 극한의 생존 경쟁에서 살아남기 위해 고군분투했던 춘추전국시대 말기의 제후들은 그의 사상을 온전히 받아들이지 못했지만 말이다.

반면 진시황은 자신의 목숨에 집착했고, 내세를 믿고 영원한 황제가 되고자 했다. 이승에는 아방궁이라는 화려한 궁전을, 저승에도 그에 못지않은 진시황릉을 지었다. 무덤을 만드는 데만도 무려 30년 이상이 걸린 것이다.

사실 죽음에서 벗어나려 발버둥을 친 것은 진시황만이 아니다. 부와 권력을 누린 자들은 어떻게든 자신의 권력과 지위를 유지하기 위해서 갖은 수를 썼고, 이는 지금도 마찬가지다. 하지만 그들도 모두 역사의 뒤안길로 사라지고 남은 것은 후대의 냉정한 평가뿐이다. 결국 부끄러움은 남은 후손의 몫이 되어버렸다.

삶에 집착하는 대신 죽음에 조금만 더 초연했다면, 자연의 섭리로써 자연스럽게 받아들였다면 역사는 지금과는 다른 모습이었을지도 모르겠다.

삶에 대한 집착은
나를 비롯한 주위 사람들 모두를
불행하게 만들 수도 있다.

공자가 제자들에게
시집을 추천한 이유

❧

귀뚜라미가 집안에 들어오니 한 해도 저물었구나.
지금 내가 즐기지 않으면 세월은 덧없이 흘러가리라.
그러나 지나치게 편안하지 말고 집안일도 생각해야 한다네.
즐거움을 좋아하되 너무 허황되지 않도록 훌륭한 선비는 두려워한다네.

蟋蟀在堂(실솔재당) 歲聿其莫(세율기모),
今我不樂(금아불락) 日月其除(일월기제)。
無已大康(무이대강) 職思其居(직사기거),
好樂無荒(호락무황) 良士瞿瞿(양사구구)。

《시경》, 〈실솔〉에서

공자가 제자들을 가르칠 때 자주 인용한 《시경(詩經)》은 3백
여 편의 시를 모아 둔 중국 최초의 시가집(詩歌集)이다. 기원
전 11세기 말부터 6세기까지 약 5백년의 기간에 걸친 주(周)나
라 사회의 시대상을 고스란히 반영했다. 당시 사람들의 생각을
엿볼 수 있는 이 시집은 인생의 즐거움과 회한뿐만 아니라 때
로는 삶에 필요한 교훈도 전한다.

《시경》에는 예전 진(晉)나라 땅(지금의 중국 산시성 일대)에
서 채집된 시 12수가 '당풍(唐風)'이라는 장에 실려 있다. 당
(唐)은 진(晉)의 이전 명칭이기 때문에 당풍이라 하면 진나라

의 시라는 의미다. 이 지역은 내륙이고, 예전에는 토지가 척박
했기 때문에 백성들은 근검절약할 수밖에 없는 상황이었다고
한다. 누구보다 열심히 일해야 하는 지역적 특색이 시풍을 정
했다고 할 수 있다.

귀뚜라미를 뜻하는 〈실솔(蟋蟀)〉이라는 제목의 시는 귀뚜라
미를 통해 인생을 어떻게 살아야 하는지 전달한다. 우리의 인생
은 끝을 향해 달려가기 때문에 진정한 선비라면 인생을 즐기되,
너무 지나치지 말고 충만하게 살자는 의도가 엿보인다.

'귀뚜라미가 집안에 든다'는 것은 날씨가 추워졌고, 한 해가
저물어간다는 의미다. 예전에는 한 해 내내 생계를 위해서 농
사일뿐만 아니라 많은 일을 해야 했다. 지금처럼 주5일제 근무
도 아니고, 주말이 있는 삶도 없었다. 오직 소처럼 묵묵하게 일
하면서 살았다. 하지만 겨울이 되면 아무래도 실내 활동이 더
많아지기 때문에 조금 여유가 생겼을 것이다. 작가는 '지금 내
가 즐기지 않으면 세월은 덧없이 흘러가리라'라는 문구를 다음
장에도 계속 반복하며 세월의 무상함을 언급한다. 그리고 짧은
인생 동안 일만 하지 않고 즐기라고 한다.

이 지역에서 발굴된 또 다른 시도 비슷한 내용을 담고 있다.
〈산에는 스무나무(山有樞)〉라는 시는 '당신이 옷이 있어도 입
지 않고 아끼고, 수레와 말이 있어도 타거나 달리지 않고 두었
다가 만약 죽으면 다른 사람이 이를 즐길 것이다(子有衣裳 弗

曳弗婁, 子有車馬 弗馳弗驅)'라고 말한다.

우리는 종종 평생 검소하고 절약하면서 살고, 사후에 모아둔 거액을 좋은 곳에 기부하는 훌륭한 사람들을 목격한다. 그러한 삶도 결코 나쁘지 않다. 다만, 스스로 즐길 줄 모르고 평생 돈을 모으는 것에만 집착하다 맞는 죽음의 모습을 기억해야 한다. 이런 죽음은 너무나 허무하고, 의미가 없다.

즐겨라!
인생은 결코 길지 않으므로

3천여 년 전에도 어떻게 잘 살지를 고민했는데 지금은 어떠하랴? 열심히 일하는 것은 중요하다. 하지만 쉴 수 있을 때 확실히 쉬거나 즐기는 것도 중요하다. 지나치지 않게 적당히 즐기는 '중용의 도'가 필요한 순간이다.

과거에는 밤새도록 일하거나 밤새도록 술을 마시는, 극과 극의 경지를 오가는 사람이 많았다. 이렇게 살면 가정에 소홀해지고, 건강도 해치게 된다. 요새도 일 중독자, 즉 워커홀릭(workaholic)이 많다. 어떠한 분야의 프로라면 자신의 분야에서 최선을 다하는 것이 중요하다. 하지만 오직 일만이 인생의 목적이라면, 이는 다른 이야기가 된다.

가정과 주변에 소홀한 채 평생 일만 하던 사람은 문득 주변을 돌아본 순간 자신의 곁에 남은 사람이 별로 없다는 사실을 깨닫게 된다. 심지어 시간이 주어져도 무엇을 해야 할지 모르는 사람들도 있다. 참으로 안타깝고 슬픈 일이다.

나이가 들수록 즐길 줄 아는 것이 있어야 한다. 젊은 시절의 기억을 한번 더듬어 보자. 내가 열정을 바쳤던 것이 무엇이었는지 말이다. 노래, 춤, 영화, 독서, 그림, 스포츠 등 누구에게나 무엇 하나는 꼭 있을 것이다.

누구에게나 인생의 겨울, 즉 '죽음'은 다가온다. 《시경》에서 전하는 바와 같이 세월은 흘러가기 때문에, 열심히 사는 것도 중요하지만 즐거움도 잃지 말아야 한다. 개미처럼 일만 하다가 세상을 떠나면 안 된다. 베짱이와 같은 안빈낙도(安貧樂道)의 삶의 자세를 긍정적으로 재평가하는 이유를 한번 생각해 보아야 한다. 물론, 그렇다고 해서 게으르게 살아도 괜찮다는 말은 아니니 혼동하지는 말자.

세월은 물처럼 흐르므로
애써도 손으로 붙잡을 수 없다.
되돌아올 수 없는 인생을 깨닫고
남은 생을 적당히 즐길 줄 알아야 한다.

공자가 흐르는 냇물을 보며
깨달은 것

공자께서 냇가에서 말씀하셨다.
"가는 것이 이와 같구나. 밤낮으로 흐르는구나!"

子在川上曰(자재천상왈),
"逝者如斯夫。不舍晝夜(서자여사부 불사주야)!"

《논어》,〈자한〉편에서

반추(反芻)라는 말은 원래 소나 염소, 말이 먹은 풀을 되새겨서 씹는 것을 의미한다. 반(反)은 돌이키다, 추(芻)는 말이나 소에게 먹이는 풀을 말한다. 이렇게 되씹는 것을 '어떤 일을 되풀이하여 음미하거나 생각함'이라고 정의한다.

보통 '인생을 반추한다'는 표현으로 사용할 정도로 반추라는 말 자체는 많은 생각을 하게 만든다. 특히 나이가 지긋해지고 나면 이런 말을 종종 사용한다.

인생을
반추한다는 것

공자는 한평생 치열하게 살았다. 높은 학문적 성취를 이루고, 제후들에게 자신의 정치적 이념을 알리기 위해서 목숨을 다 바쳐서 노력했다. 하지만 의도와 다르게 세상은 공자의 뜻을 받아들이지 못했다.

춘추전국시대 말기라는 혼란기라서 더욱 그랬다. 약육강식의 시대에 인과 예로써 사회를 안정화한다는 말은 뜬구름 잡는 소리로 들렸을 게 뻔하다. 평생 노력했지만 남은 것은 "상갓집 개와 같이 초라하다"는 조롱 섞인 목소리뿐이었다.

어느 날 공자는 냇가에 흐르는 물을 바라보며 세월의 무상함을 이야기한다. 공자가 자신의 인생을 반추하며 어떤 생각을 했는지는 알 수 없다. 다만 말년에는 자신이 아끼던 제자 안연이 요절하고, 친구 같은 사이였던 제자 자로(子路)가 처참하게 살해당해서 정신적인 충격을 받았을 것이라 추측은 해 볼 수 있다.

개인적인 불상사에도 불구하고 공자가 남긴 업적은 대단하다. 진나라의 뒤를 이은 한나라 때 유학이 통치 이념으로 받아들여지면서 '성인'으로 숭배되기도 했다. 이는 그가 스스로 믿는 가치를 포기하지 않았기 때문일 것이다. 50대 중반에 높은 벼슬자리를 버리고 천하를 떠돌 결심을 할 수 있었던 것도 결국 임금과 신하, 백성이 모두 행복하게 잘 사는 나라를 오래 꿈꾸었기 때문이다.

보통 퇴직을 하면 시간적인 여유가 많기 때문에 인생을 돌아보게 된다. 특히 자신의 사회적인 지위가 급변하기에 더욱 그렇게 된다. 같이 어울리던 직장 동료나 후배도 더 이상 주변에 없고, 늘 반복하던 회사 생활도 더 이상 존재하지 않는다. 아이들이 있다면 이미 성장해서 곁을 떠날 때가 되었을 것이다. 주변을 둘러싼 모든 것이 변하기 때문에 자연스럽게 인생의 의미, 존재의 이유, 삶의 목적 등을 생각하게 된다.

다만, 인생을 반추하는 것은 은퇴 시기보다 이르면 이를수록 좋다. 60세가 넘거나 70세가 넘은 후에 인생을 돌아보는 것이 늦거나 나쁘다는 의미가 아니라, 그보다 더 이전에 인생을 돌아본다면 앞으로 남은 인생을 어떻게 살아야 할지 방향성을 생각할 수 있기 때문이다. 이것이 우리가 '죽음'을 미리 공부해야 하는 이유이기도 하다.

인생을 반추하다 보면 그동안의 과오를 후회할 수 있고, 아쉬운 점도 많이 느낄 것이다. 누구라도 자신의 인생을 돌아보면서 100퍼센트 만족할 수는 없다. 이는 모두가 부러워하는 수많은 성공한 사람들도 마찬가지다.

앞만 보며 나아가는 것이
맞는 것인가?

어떤 사람은 마치 무언가에 쫓기는 사람처럼 앞만 보고 나아간다. 더 높은 자리, 더 많은 부를 쟁취하려고 한다. 오로지 그것만이 삶의 목적인 것처럼 말이다.

만약 인간이 한 2백년 정도 살거나 그보다 더 오랜 세월을 살수 있다면 좀 더 여유가 있을지도 모르겠다. 하지만 인생은 유한하고 죽음을 피할 수 있는 사람은 없으므로, 자신을 재점검할 시기가 필요하다.

공자가 냇가에 서서 흐르는 물을 바라보며 "가는 것이 이와 같구나. 밤낮으로 흐르는구나!"라고 말한 것은 자신의 인생을 반추하면서 느낀 소감이었을 것이다. 더하여, 물처럼 흐르는 것이 세상사라고 하더라도 거기에 굴하지 않고 끊임없이 자신이 믿는 가치를 설파하겠다는 의미도 담겨있다.

만약 공자가 세월의 무상함만을 느끼고 자포자기한 채 초야에 은거했더라면 《논어》라는 책은 세상에 나오지 않았을 것이고, 그의 사상도 제자들을 통해서 후대에 전해지지 않았을 것이다. 우리에게도 반추의 시간이 필요한 이유를 가장 훌륭하게 설명해 주는 예시라고 말하고 싶다.

한 번쯤 살아온 인생을
돌아볼 시간을 가져라.
그래야 어떤 방향으로 갈지
결정할 수 있다.

노예 출신 철학가가 전하는
단 하나의 진리

에픽테토스는 "당신의 자녀에게 입맞춤할 때 자기 자신에게
'너는 내일 죽을 수도 있을 것이다'라고
속삭여야 한다"라고 말했다.

"When a man kisses his child, said Epictetus,
he should whisper to himself,
'Tomorrow perchance you will die'."

마르쿠스 아우렐리우스, 《명상록》에서

세상에는 양(陽)과 음(陰)이 있다. 기쁨(양)이 있으면 슬픔
(음)이 있고, 행복(양)이 있다면 불행(음)이 있고, 젊음(양)이 있
으면 늙음(음)이 있고, 생명(양)이 있다면 죽음(음)이 있다. 지
금 이 순간에도 수많은 생명이 태어나고 있지만, 반대로 세상
을 떠나는 사람도 헤아릴 수 없을 정도로 많다. 비단 인간뿐만
아니라 식물과 동물도 마찬가지다. 세상의 모든 것에 시작이
있고 끝도 있다.

사람들은 기쁘고 행복하려고 노력하고, 반면 불행과 슬픔은
피하려고 한다. 하지만 인생의 절반은 기쁨이고 절반은 슬픔이

다. 비율은 사람마다 제각각이겠지만, 애초에 100퍼센트 기쁘고 행복한 삶은 애초에 없다.

인생을 충실하게 잘 살고 버틴 이들은 기쁘고 행복할 때 적절히 감정을 조정할 줄 알고, 슬픔과 불행한 상황에서는 회복 탄력성을 바탕으로 잘 극복한다. 반면, 그렇지 못한 사람들은 자신의 운명과 상대방을 향한 원망으로 평생 불행한 삶을 살 수밖에 없다.

수많은 미디어가 주로 인생의 즐거움을 전한다. 맛있는 음식을 먹고, 여행을 다니고, 즐거운 취미 활동을 하는 것을 보여준다. 밝은 것을 보고자 하는 사람들의 심리를 이용한 것이다. 사는 것에 지친 사람들에게 역경과 고난은 마주할 존재가 아닌 피해야 할 대상이다. 죽음을 생각하기보다는 지금 이 순간의 즐거움과 쾌락을 통해서 애써 외면하고자 한다. 어쩌면 인생은 짧기 때문에 살아있는 동안 밝은 것(양)에 집중하는 것은 당연한 심리일 수도 있겠다.

삶의 유한함을 깨닫고 죽음을 마주한다는 말의 의미

그렇다면, 우리는 왜 밝은 것을 보고 싶은 마음을 누르고 죽음을 생각해야 하는 걸까?

노예 출신인 스토아학파 철학자인 에픽테토스(Epictetus)는 "자녀에게 입맞춤을 할 때 '너는 내일 죽을 수 있을 것이다'라고 자신에게 속삭여야 한다"라는 말을 했다. 이 얼마나 불길한 말이란 말인가! 그러나 마르쿠스는 그의 말을 인용하면서 이렇게 해석했다.

이것은 나쁜 징조의 말이다. 하지만 에픽테토스는 이렇게 이야기했다. "이 말은 불길하지 않다." 죽음은 자연의 과정이기 때문이다. 만약 이 말이 불길한 것이라면, 다 익은 곡식을 거두어들인다고 말하는 것도 불길한 말이 될 것이다.

결국 이 불길한 말은 삶의 유한함을 깨닫고 죽음을 마주해야 한다는 의미도 된다. 죽음을 다 익은 곡식을 거두어들이는 일에 비유하여, 죽음이 자연의 한 과정이라고 말한 것이다.

또, 이런 사연도 있다. 어느 날 에픽테토스의 집에 도둑이 들어 비싼 철제 등불을 잃어버렸다. 그도 인간인지라 크게 실망했지만, 곧 자신의 마음을 다독이면서 "내일은 도기 등불을 발견할 것이다. 사람은 가진 것만 잃어버릴 수 있는 법이다"라고 말했다.

즉, 아무리 소유한 것을 전부 잃는다고 해도 그것은 내가 가진 것에 한해서라는 의미다. 이를 죽음에 빗대어 생각해 보면,

죽음 역시 이미 내가 가진 것이며 인생의 일부라는 의미로 해석할 수 있다.

내가 내일 당장
세상을 떠난다면

《철학이 삶을 위로할 때》의 저자 람머트 캄푸이스(Lammert Kamphuis)는 인도에 갔을 때 경험했던 이야기를 털어놓았다. 그가 바라나시(Varanasi)라는 도시에 갔을 때다. 이곳의 힌두교인들은 사람이 죽으면 시신을 갠지스 강가에서 불태운다. 저자는 근처 호텔에 머물면서 화장이 진행되는 것을 지켜봤다.

우리는 이런 광경을 보면서 비위생적이라고 생각하며 이해하지 못하지만, 이들은 자연스럽게 받아들인다. 심지어 이곳 주민은 "우리는 죽음을 편안하게 생각하는데 서양인들은 죽음을 너무 과장되게 생각해요. 죽음은 삶에서 유일하게 확신할 수 있는 것이에요. 그런데 당신들은 누군가가 죽을 때마다 깜짝 놀라곤 하더군요"라고 말했다.

과거에는 죽음을 받아들이면서 동시에 죽은 자와의 대화나 만남을 시도했다. 대표적인 것이 바로 제사(祭祀)다. 제사를 지낼 때는 문을 조금 열어두어서 망자(亡者)가 와서 식사를 하도록 했다. 또한, 향냄새를 맡으면서 우리도 언젠가는 죽는다는 것을 생각하게 된다. 이렇게 어릴 적부터 어른들 사이에서 죽음을 간접적으로 체험하고, 죽음의 의미를 되새기는 계기가 되었다.

죽음은 자연스러운 삶의 일부이다. 누군가는 떠나고, 누군가는 남는다. 내가 내일 당장 세상을 떠난다면 남길 것은 무엇인가? 죽음에 대비해서 사랑하는 사람들에게 어떻게 해야 할 것인가? 나의 죽음을 어떻게 받아들일 것인가? 오늘 밤 한번 생각해 볼 일이다.

죽음도 삶이라고 받아들이면
두려워하는 대신
준비하게 된다.

네로 황제의 스승이 증명한
'가장 헛된 것'

당신은 당신의 시간보다
먼저 죽어가고 있다는 것을 깨달아야 할 것이다.

You will realize you are dying
before your time.

세네카, '삶의 덧없음에 대해'에서

　내 외할아버지는 부잣집에서 태어났다. 당시 외할아버지 집 안이 소유한 땅을 밟지 않으면 마을을 다닐 수 없을 정도로 막대한 부를 축적했다. 하지만 일제 강점기와 6·25 전쟁을 차례로 겪으며 대부분 재산을 잃었다. 어릴 때는 수많은 농토를 보유했던 지주의 아들이었지만, 인생의 마지막은 작은 주택의 조그마한 정원에서 꽃을 가꾸면서 보냈다.

　외할아버지가 말년에 행복했는지 아니면 불행했는지는 잘 모르겠다. 다만 수십 년이 흐른 지금, 내가 만약 그의 입장이었다면 어떤 느낌이었을지 생각해 본 적이 있다. 아마 과거에 대한 회한이 가득하지 않았을까 하는 생각이 들었다.

　살아오면서 주변의 수많은 사람이 세상을 떠났다. 내 어린 시절 기억에 있던 그 분들은 건강하고 활기찬 모습이었다. 같이 운동을 하고, 여름휴가 때는 해변 가에서 즐거운 시간을 보냈다. 하지만 누군가는 노환으로, 또 누군가는 병으로 세상을 떠났고, 가끔은 우연한 사고나 스스로 목숨을 끊은 경우도 있었다. 왜 나이가 들수록 과거의 기억이 더 또렷해지는 것일까? 어쩌면 나도 그들처럼 삶의 마지막을 향해서 걸어가고 있기 때문일지도 모르겠다.

네로의 스승 세네카, 인생의 덧없음을 몸소 실천하다

　나이가 들수록 죽음과 가까워진다. 그것은 너무나 명백한 사실이다. 젊은 시절과 비교해 보면 결혼식장보다 장례식장에 더 많이 가게 된다. 내 주변의 가족, 친지, 친구뿐만 아니라 유명인도 마찬가지다. 화려한 연기나 노래 실력으로 절정기를 보내던 사람 중에도 세상을 떠나고 없는 이들이 많다. 결국 잘나든 못나든, 돈이 있든 없든 그 누구도 죽음을 피할 수 없다. 이 글을 쓰는 나도 마찬가지고, 과거의 사람들도 그러했다.

　고대 스토아학파의 철학자이면서 네로 황제의 스승이었던

세네카도 같은 생각이었다. 그는 기원전 4년 코르두바(지금의 스페인 남부 도시)에서 태어났다. 아버지는 유명한 작가였고, 부유한 집안에서 훌륭한 교육을 받았다. 세네카는 아버지의 영향으로 누구보다 열심히 공부하는 학생이었다. 좋은 집안과 환경에서 성장했지만, 방탕하게 살지는 않았다. 오히려 평소 식사도 절제하면서 과식과 과음을 삼갔다. 심지어 로마 시대에 별미로 꼽히던 굴과 버섯조차 입에 대지 않았다고 한다.

세네카는 즐거움과 사치는 찰나라고 생각했다. 우리의 삶은 결코 길지 않은데, "무의미한 슬픔, 어리석은 즐거움, 탐욕스러운 욕망, 사회적 관계의 즐거움에 자신의 많은 시간을 낭비하고 있다"고 일갈했다. 그가 삶을 덧없다고 생각한 배경은 이렇다.

세네카는 어릴 적부터 폐가 좋지 않았고, 언제 죽을지 모르는 상황이었다. 로마의 원로회에서 누군가를 변호했을 때 사형 언도를 받았지만 극적으로 살았고(어차피 폐병으로 죽을 것이라는 이유였다), 이후 자신이 존경하고 사랑하던 아버지를 떠나보냈고, 첫아들도 세상을 떠났다. 가족을 떠나보낸 슬픔이 가시기도 전에 로마의 황제 클라우디우스 1세(Tiberivs Claudius Caesar Augustus Germanicus)에 의해 코르시카섬으로 추방되어서 8년이라는 긴 시간을 보내야 했다.

이후 그의 인생은 승승장구였다. 로마의 황제 네로(Nero Claudius Caesar Drusus Germanicus)의 스승이 되면서부터다.

활발하게 정치 활동을 하고, 부와 권력을 누렸다. 하지만 그는 광기를 보이는 네로를 제어하지 못하고, 조용히 자신의 정치적 생명을 연장했다. 본인은 나름대로 절제를 하면서 철학가로서 삶의 태도를 지켰지만 말이다. 결국 그는 네로에 의해서 생을 마감해야 했다. 인생의 덧없음을 몸소 증명한 셈이다.

나에게 진정으로 소중한 것은 무엇인가?

인생은 자연의 원칙에 따라서 흐르게 되어 있다. 아무리 복잡하게 보이는 삶도 결국 '죽음'이라는 결론으로 귀결한다. 고대 그리스 철학은 '잘 죽는 법'을 고민하며 시작했다. 로마의 철학자 키케로도 "철학이란 죽는 법을 배우는 것"이라고 말했을 정도다.

이 단순한 삶의 진리를 이해하면 인생을 대하는 마음가짐도 달라진다. 언젠가 자연으로 돌아가고, 한줌의 재가 되어서 사라지기 때문이다. 세네카가 말한 것처럼, 우리가 쓸 수 있는 시간과 에너지는 유한하다. 그렇기에 슬픔, 즐거움, 욕망, (형식적인) 인간관계에 과도하게 시간을 낭비할 필요가 없다.

인생은 덧없다. 하지만 그 덧없음을 인지해야 비로소 인생의 목적을 진지하게 생각하게 된다. 정말로 나에게 소중한 것이 무엇인지에 대해서 말이다. 화려한 인생, 수변 사람들의 평판과 인정, 멋진 차와 옷, 비싸고 너른 집 등은 모두 한 순간임을 알게 된다.

대부분 사람은 무언가에 쫓기면서 젊은 시절을 보내고, 의미 없이 나이가 들고, 결국 어느 순간 삶의 무상함을 깨닫는다. 화려한 인생은 시간이 지나면서 점차 노을처럼 지게 된다. 만약 이러한 깨달음의 순간이 눈을 감기 직전이라면 너무 안타까울 것이다.

죽음과 인생의
허무함을 인정할 때
비로소 값진 인생을 살게 된다.

나는
이제껏
잘 살아왔는가?

처음으로 인생을 반추하며

가장 큰 위험은
위험이 없는 삶이다.

스티븐 코비 Stephen Covey

사마천이 명예로운 죽음 대신
치욕적인 삶을 택한 이유

맹자께서 말씀하셨다.
"인은 사람의 마음이고, 의는 사람의 길이다.
그 길을 버리고 따르지 않고,
그 마음을 잃고 되찾지 않으니 슬프구나!"

孟子曰(맹자왈). "仁, 人心也, 義, 人路也(인, 인심야, 의, 인로야).
舍其路而不由(사기노이부유),
放其心而不知求(방기심이부지구), 哀哉(애재)!"

《맹자》, 제11편에서

《사기》라는 불후의 명작을 쓴 역사가 사마천의 인생은 그야
말로 드라마틱하기 그지없다. 그는 한나라 시대 태사령이라는
관직에 있으면서, 천문과 역법을 담당했던 아버지의 유지를 받
들어 역사서를 저술하고 있었다. 학자와 관원이라는 평탄한 삶
을 살다가 마침내 인생의 변곡점을 맞이했다. 평소에 잘 알고
는 있었지만 교류는 전혀 없었던 한 장수를 변호하면서다. 그
장수 이름은 이릉(李陵)이다.

사연은 이렇다. 기원전 99년, 이릉이 중과부적(衆寡不敵, 적
은 수로 많은 수를 대적하지 못한다는 뜻)으로 흉노에게 항복하

자 한무제는 분개했다. 당시 한나라의 국력을 감안한다면 있을 수 없는 일이었던 것이다. 이때 유일하게 이릉을 옹호한 것이 사마천이었다. 일면식도 없었지만, 그가 항복할 수밖에 없었다는 사정을 잘 알았기 때문에 그랬다. 지원군도 없이 5천 명의 보병으로 8만 명의 기병과 맞서 싸운 것은 처절함 그 자체였다.

하지만 이미 화가 난 한무제는 아무도 말릴 수 없었다. 그는 사마천에게 사형을 언도했다. 사마천에게 남은 것은 명예롭게 죽거나, 50만 전(약 5천의 군사를 1년 동안 유지할 수 있는 비용)의 속죄금을 내거나, 궁형(宮刑)을 받는 것이었다. 50만 전이라는 거금이 없었던 사마천은 궁형을 선택했다.

사대부에게 궁형은 정말로 치욕과 다름없었다. 하지만 사마천은 자신의 사명, 즉 역사서를 끝내야 한다는 생각에 어쩔 수 없이 선택한 것이다. 이때 그의 나이는 곧 50이었다. 이후 그는 10여 년간 죽을힘을 다해서 《사기》를 완성했다.

어려운 상황을 감내하게 만든 원동력

사마천이 그토록 어려운 상황을 감내한 이유는 두 가지로 요약할 수 있다. 가장 큰 이유는 《사기》를 완성해야 한다는 사명감이다. 역사학자로서의 사명감이라는 '삶의 목적'이 명예로운 죽음에 대한 욕구보다 더 컸기 때문이다. 두 번째로는 자신도 언젠가는 죽을 것을 알았기 때문이다. 끝이 있음을 알았기에 오히려 역경을 견딜 수 있었던 것이다.

만약 사마천이 편안한 생활을 하면서 《사기》를 집필했다면 과연 그의 생전에 끝낼 수 있었을까? 이렇듯 피를 토하는 심정으로 글을 쓸 수 있었을까? 책을 완성했더라도 그 안에 한(恨)이 서리지는 않았을 것이다. 이런 마음은 한무제 때의 장군 임안(任安)에게 보내는 편지에서 생생하게 엿볼 수 있다.

> 어찌 치욕을 모르고 죄인 노릇만 하겠습니까? 노예와 하녀조차도 자결할 수 있습니다. 저도 그렇게 언제든지 할 수 있습니다. 하지만 고통과 굴욕을 참아내며 구차하게 삶을 이어가는 까닭은 비루하게 세상에서 사라질 경우 문장(文章)을 전하지 못함이 안타깝기 때문입니다.

사마천은 이 편지를 통해서 고통과 굴욕에도 살아가는 이유가 결국은 책을 완성하기 위함이라고 했다. 한 인간의 불굴의 정신이 얼마나 위대한지 보여 준다.

삶의 목적의
필요성

맹자는 "인은 사람의 마음이고, 의는 사람의 길이다"라고 했다. 그 길을 버리고 따르지 않거나, 그 마음을 잃고 되찾지 않는 것은 슬픈 일이라고도 말했다. 사마천은 이릉이 고군분투한 것에 대해 인간으로써 안타까운 마음(仁)으로 그를 변호하려고 했다. 또한, 부당한 결정에 대해 용기를 내어 바로 잡으려 했으니, 이는 의(義)를 따르려고 한 것이다.

당시 한무제의 결정이 옳지 않다고 여기면서도 아무도 이릉을 변호하지 않았다. 사마천은 인의를 따르기 위해 눈물겨운 대가를 치러야 했지만 자신의 신념을 지켰고, 그것은 치욕으로 죽고 싶은 마음조차 극복하게 만들었다. 결국 그 불굴의 정신이 《사기》를 완성하게 한 원동력이 되었다.

우리는 어떤가? 힘들고 어려울 때 우리는 '죽고 싶다'라는 말을 쉽게 한다. 하지만 계속 살아가는 이유는 삶의 목적이 있기 때문이다. 힘든 군 생활을 버티게 하는 것도, 회사에서 아무리 힘들어도 참게 되는 것도, 박사가 되기 위해서 논문을 쓰는 것도, 금메달을 따기 위해서 치열하게 운동을 하는 것도, 아이들이 밤잠을 설치면서 공부를 하는 것도, 모두 삶의 목적이 있기 때문이다.

삶의 목적은 죽음에 대한 두려움조차 극복할 수 있다. 강한 목적을 지니고 살아야 하는 이유다. 가족의 생계라는 가장 중요하면서도 단순한 목적뿐만 아니라, 자아실현, 사회봉사 등 보다 큰 의미의 목적도 있을 것이다. 맹자와 사마천이 믿었던 '인'과 '의'라는 신념을 위한 것일 수도 있다. 우리는 과연 어떤 신념과 목적을 위해서 살고 있는가?

명확한 삶의 목적이
죽음을 향한 두려움을
극복하도록 한다.

"인간으로서
무엇이 올바른가?"

맹지반은 스스로 자랑하지 않으니,
후퇴할 때는 (군대의) 후미에 있었다.
성문 안에 들어와서는 자신의 말을 채찍질하며
"(내가 용감하여) 후방에 있던 것이 아니라
말이 앞으로 나아가지 않았기 때문이다"라고 말했다.

孟之反不伐(맹지반불벌), 奔而殿(분이전)。
將入門(장입문) 策其馬(책기마)
日(왈), "非敢後也(비감후야) 馬不進也(마부진야)。"

《논어》, 〈옹야〉 편에서

공자의 사상을 제대로 물려받은 일본의 위대한 경영인이 있
다. 2022년 세상을 떠난 교세라(일본의 전자기기 제조 기업)그
룹의 창업자인 이나모리 가즈오 전 회장이다.

이나모리는 젊은 시절에 수없이 도전하고 수없이 실패했다.
중학교와 대학교 입학에 낙방하였고, 대학교 졸업 후에는 취직
할 곳도 없어서 난감해 했다. 그러던 중 교수의 추천으로 간신
히 쇼후 공업에 입사했다. 이 회사는 일본을 대표하는 고압초
자 제조회사였지만, 경영 상태가 최악에 달하면서 망하기 직전
이었다. 심지어 근처 상점의 주인도 "자네, 어쩌다 저런 망해가

는 회사에 들어갔나? 저런 회사에 계속 다니다가는 결혼도 못
할 걸세."라고 동정했을 정도라고 한다.

다른 입사 동기들은 줄줄이 퇴사를 했지만, 이나모리는 가족
의 생계 때문에 어쩔 수 없이 출근해야 했다. 그러면서 그곳에
서 '승부'를 보기로 결심했다. 회사에서 숙식을 하며 일에 몰입
해 마침내 성능이 뛰어난 재료를 개발했다. 이 개발로 회사가
생존하는 데 큰 기여를 했다. 여기까지는 인간 승리의 전형적
인 스토리라고 할 수 있다. 하지만 곧 사내의 정치 싸움에 밀려
서 퇴사하고, 27세의 젊은 나이에 교세라를 창업했다.

회사를 정상의 경지에 올리기까지 피눈물 나는 노력을 해야
했다. 아무리 뛰어난 기술력으로 좋은 제품을 만들어도 대기업
에서 그들의 제품을 쓰지 않았다. 젊은 경영자가 운영하는 무
명의 회사에 모험을 걸기 싫은 건 누구나 마찬가지였을 것이
다. 하지만 이나모리는 포기하지 않고 계속해서 문을 두드린
다. 직원들과 롤러코스터를 타듯 온갖 난관을 겪어낸 끝에, 결
국 교세라를 위대한 회사로 키우고 전설적인 경영자가 되었다.

겸양하는 마음

《논어》의 〈옹야〉 편에 등장하는 맹지반은 노나라의 대부였

다. 기원전 484년, 노나라는 이웃에 위치한 강대국인 제나라와 전쟁을 치르게 되었다. 당시 노나라는 제대로 싸워보지도 못하고 도읍으로 도망쳤다. 제나라의 군대가 이들을 벌떼처럼 뒤쫓아 가는 위기의 순간이었다. 맹지반은 시급을 다투는 순간에도 자신의 목숨을 먼저 구하기보다는 군사들이 퇴각하는 것을 보며 후미에 남아 있다가 마지막에 성문 안에 들어섰다.

당시 장수들은 보통 자신의 목숨을 더 소중히 여겨서 군사들을 방패막이로 삼는 경우가 비일비재했다. 그런데 맹지반은 그와 정반대로 행동한 것이다. 영웅적인 행동을 했음에도 불구하고, 그는 결코 자신의 공적을 자랑하지 않았다. 그랬기 때문에 공자는 그가 겸손했다고 말한 것이다. 불벌(不伐)에서 '벌(伐)'은 보통 정벌하다는 의미로 쓰이나, 여기에서는 '자랑하다'는 의미로 쓴다.

대의와 선의에
대해서

이나모리는 60대 중반에 은퇴를 하고, 70대 후반에 복직했다. 끊임없이 인생의 변화를 추구한 것은 인생의 목적을 고심하며 소의(小義)보다 대의(大義)를 추구했기 때문이다. 자신의 공적을 자랑하기 위함이 아니었다. 그랬기에 죽음도 의연하게 받아들인 것이다.

그는 자신이 추구하는 도(道)에 이르기 위해서 마지막까지 성찰의 자세를 버리지 않았다. 부와 명예는 그에게 큰 의미가 없었다. 이나모리가 가장 강조한 것은 바로 선의(善意)였다. 정직하고, 성실하게 노력하고, 세상을 이롭게 하는 것이 사업 철학이었다.

중요한 것은 마음가짐이다. 맹지반이 자신의 목숨을 초개와 같이 여기면서 군사들을 먼저 구하려고 했던 것, 이나모리가 솔선수범해서 직원들을 독려하고 목표를 향해서 질주하고, 나중에는 겸손하게 물러선 것은 모두 국가와 기업, 직원을 생각하는 대의와 선의에 기반한 것이다.

인생을 좀 더 크게 바라보자. 내가 추구하고 싶은 가치를 진지하게 생각하면 인생을 대하는 태도가 달라진다. 지금 내가 추구하는 가치는 무엇인가? 이 질문의 답을 찾아가는 과정이 바로 삶의 여정일 것이다.

인생의 가치를
고민하면서 살아가는 것이
진정한 삶의 의미다.

부처가 보리수 아래에서 깨달은
진정한 삶의 진리

늙고 죽음도 없고, 늙고 죽음이 다함까지도 없으며,
괴로움, 괴로움의 원인, 괴로움이 없어짐,
괴로움을 없애는 길도 없으며,
지혜도 없고, 얻음도 없느니라.

乃至無老死(내지무노사) 亦無老死盡(역무노사진),
無苦集滅道(무고집멸도) 無智亦無得(무지역무득).

《반야심경》에서

기원전 565년 인도 카필라 성에 한 왕자가 탄생했다. 호화로운 궁전에서 태어난 그의 인생은 남부러울 것 없는 삶 그 자체였다. 아름다운 아내와 귀여운 아들도 있었고, 왕위 계승 서열도 1위인 그는 이변이 없는 한 국왕이 될 운명이었다. 하지만 한 가지 고민거리가 있었다. 바로 '삶'과 '죽음', '고통'에 대한 것이었다.

으리으리한 궁전을 나서면 뒷골목에는 가난하고 병든 사람이 가득했다. 자신은 부모를 잘 만나서 편안하고 안락한 삶을 살았지만, 그렇지 못한 사람이 태반이었다. 삶은 그렇게 아름답고 희망으로만 가득 찬 세상이 아니었다. 마침내 29세가 되던 해, 그는 인생의 참된 의미를 찾고 수많은 현자들에게서 '진리'를 구하기 위하고자 가출을 감행했다.

하지만 현자라 불리는 이들은 공허한 이론과 신비주의만 보여 줄 뿐 참된 진리를 가르쳐 주지 않았다. 6년 넘게 세상을 떠돌던 그는 어느 날 보리수 밑에서 깊은 묵상에 잠겼다. 선정(禪定)에 빠져든 지 일곱째 되는 날, 불현듯 한줄기 빛과 같은 깨달음을 얻게 되었다.

그는 바로 고타마 싯다르타 왕자였고, '깨달은 자'라는 뜻의 부처(Buddha)가 되었다.

인생의
여덟 가지 고통

어렸을 때 불교 신자인 아버지를 따라 일요일마다 근처 절에 찾아갔다. 어른들이 불당에 앉아서 읊는 법문을 듣고, 찬불가를 부르는 것을 띄엄띄엄 따라 하곤 했다. 그런데 어느 날 아버지를 포함한 많은 어른이 명상을 할 때 팔 위에 심지를 올리고 불을 붙이는 걸 보았다. 심지가 불에 타들어가 점점 짧아지는데도 아버지는 꿈쩍도 하지 않고 명상에 빠져 있었다.

지금 생각해 보면 이 명상법은 결국 고통을 이기고 넘어서는 법을 배우기 위한 것인 듯하다. 마치 부처가 보리수 밑에 꼼짝도 하지 않고 앉아서 삶과 죽음, 고통에 대해서 진지하고 치열하게 고민했던 것과 마찬가지이다. 이는 외부의 어떤 자극에도 동요하지 않고 진리를 탐구하려는 자세를 본받기 위함이다.

교회나 성당에서 설교를 듣고, 몸과 마음을 다해 기도하고, 하느님의 말씀을 이해하기 위해서 성경을 공부하는 것도 인생의 의미를 찾기 위한 일종의 방법일 것이다. 종교는 우리에게 삶의 의미를 되새기고 생각하게 한다. 그것은 사람들이 고통을 느낌으로써 안식을 얻기 위함이기도 하다. 만약 우리가 매순간 행복하다면 다른 누군가의 도움은 필요 없을지도 모른다. 하지만 삶은 그렇지 않다.

불교에서는 인생의 8가지 고통을 '팔고(八苦)'라고 한다. 우리에게 익숙한 생로병사(生老病死)가 4가지 고통이다. 이는 각기 울음을 터뜨리면서 세상에 나오고, 늙어 가고, 병에 들고, 죽는 것을 뜻한다.

나머지 4가지 고통은 애별리고(愛別離苦), 원증회고(怨憎會苦), 구불득고(求不得苦), 오온성고(五蘊盛苦)로 나뉜다. 각각 사랑하는 사람과 이별하는 고통, 미워하고 증오하는 사람과 만나는 고통, 구하려고 해도 얻을 수 없는 고통, 평생 무언가 외부적인 것에 동요되고 감정과 생각이 복잡하게 요동치는 고통을 말한다.

우리는 평생 팔고를 겪는다. 그 누구도 피할 수 없는 고통이다.

고집멸도의 이치

한번 생각해 보자. 우리가 살면서 느낀 고통에는 어떤 것들이 있을까? 학교라는 특수한 사회에 속하기 시작하면서 내가 원하든 원하지 않든 좋아하지 않는 사람과도 함께해야(원중회고) 했다. 회사에 다니거나, 사업을 하게 되면서 더 깊은 고통을 겪게 된다.

거기에 주변 사람이 부동산 투자, 비트 코인, 주식 투자 등으로 떼돈을 버는 모습, 화려한 외모와 외제차, 좋은 집안과 가정에 사는 사람을 부러워하는 등 가지고 싶은 것을 가질 수 없는 고통을 겪는다(구불득고). 그리고 이들을 나의 처지와 비교하면서 슬픔과 고통을 겪는다(오온성고).

시간이 더 흐르면 할아버지, 할머니, 아버지, 어머니, 형제, 친지, 친구 등 주변에 있던 소중한 사람들이 세상을 떠나는 일(애별리고)을 겪으며 인생에 회한을 느낀다. 자신도 늙고(老), 병(病)을 겪으면서 인생에 대한 허무함도 느낀다. 이런 모든 고통에서 벗어나는 순간은 죽음(死)일 것이다. 죽음에 이르면 모든 고통은 사라진다.

결코 쉽지는 않지만, 이런 고통의 존재를 인정하고 받아들이는 자세가 필요하다. 인생이 힘들고 고통스러운 것은 어쩔 수 없는 삶의 일부분이다. 부와 명예를 얻었다고 해도 팔고를 피할 수는 없다. 한 가지 위로를 하자면, 이러한 고통이 영원하지는 않다는 것이다. 슬픔과 절망도 시간이 지나면서 점차 사라진다. 영원한 젊음이 없듯이, 누구나 늙고 병이 든다. 죽음 앞에서는 모두 평등하다.

부처도 마찬가지였다. 그는 보리수 아래에서 깨달았다. 인간은 고통을 피할 수 없는 존재이기 때문에 이를 인지하고 '심안(心眼)'으로 세상을 바라봤다. 모든 것은 변한다는 것을 받아들이고, 해탈의 경지에 이른 것이다. 헤르만 헤세는 《싯다르타》를 통해 이렇게 말했다.

> 인생은 고해이며 세상은 온통 번뇌로 가득 차 있지만, 번뇌로부터 해탈하는 길이 발견되었다. 붓다의 길을 가는 사람은 해탈을 하리라.

괴로움(苦)과 괴로움의 원인(集)과 괴로움이 없어짐(滅)과 괴로움을 없애는 길(道), 결국 이 고집멸도조차도 존재하지 않는다는 것을 인지하는 것이 인생을 대하는 바른 태도일 것이다.

있는 그대로
고통을 받아들이고,
진정한 삶의 의미를 생각한다.

마르쿠스가 무기력을
경계하라고 말한 이유

자연은 먹고 마시는 것에 한계를 정해 놓았듯이 휴식에도 한계를 두었다.
당신은 필요한 이상으로 한계를 넘어서고 있다.

Nature has set limits to this too, just as it has to eating and drinking,
and yet you go beyond these limits, beyond what you need.

마르쿠스 아우렐리우스, 《명상록》에서

젊은 시절에는 꿈과 열정, 또는 현재의 방황과 고난을 헤쳐
나가느라 정신이 없다. 하지만 인생의 중반에 이르러서 어느
정도 안착하면 점차 권태가 밀려온다. 같은 일을 10년, 20년 계
속하게 되면 더욱 그렇다. 주변의 관계도 큰 변화가 없고, 일도
손에 익어서 큰 문제가 없어진다. 그냥 하던 일을 하던 대로 하
면 된다. 그러면서 점차 다람쥐가 쳇바퀴를 도는 듯한 인생을
살게 된다.

권태의 단계가 좀 더 일찍 오는 사람들도 있다. 사는 것 자체
가 그다지 재미없고, 모든 것에 흥미가 없다. 의욕도 별로 나지

않고, 허무주의에 빠지기도 한다. 그러면서 별 의미 없이 자극적인 것을 찾는다. SNS, 게임, 마약, 술 등에 중독된다. 나 자신을 제대로 돌보지 않으니 당연히 몸과 마음의 건강도 점차 해치게 된다.

삶에 의욕을 잃으면 점차 허무주의적 사고방식으로 변해 간다. 어렵고 힘들게 사는 사람뿐만 아니라, 오히려 풍족한 삶을 사는 사람이 더 크게 느끼는 경우도 많다. 더 잘 살기 위해서 아옹다옹할 때는 몰랐던 부분이다.

허무주의적 인생관이
위험한 이유

도스토옙스키(Fyodor Mikhailovich Dostoevsky)의 작품에는 살인이나 자살 행각이 종종 관찰된다. 《왜 살아야 하는가》의 저자이면서 영국의 철학자인 미하엘 하우스켈러(Michael Haukeller)는 이를 '평가적 허무주의'라고 했다. 도스토옙스키는 1860년대 러시아에 만연한 이러한 허무주의를 경계하기 위해서 소설을 통해서 메시지를 전달하고자 했다.

도스토옙스키의 대표적인 소설인 《죄와 벌》의 주인공 라스콜니코프(Raskolnikov)는 고리대금업자인 노파를 잔인하게 살인하고 금품을 훔친 후, 지적장애를 갖고 있던 노파의 여동생도 현장에 있다는 이유로 마찬가지로 살해한다. 다른 누군가를 죽이는 이유 역시 '더 이상 죽이지 않아야 할 이유를 찾지 못했다'는 역설이다. 하지만 이는 단순한 핑계에 불과했다. 돈을 훔쳤다고 그렇게 기뻐한 것도 아니었다. 오히려 살인을 하고 나서 극도의 불안감에 시달렸고, 나중에는 경찰서에 자수한다.

하지만 죄를 뉘우치지는 않았다. 인간을 죽였다고 생각하지 않았고, 사회의 악(惡)을 제거했다고 여겼다. 죽인 노파를 사람이 아니라 남들에게 해를 끼치는 '이'에 불과하다고 생각했다(우리가 예전에 알던 그 벌레 '이'가 맞다).

하지만 사랑하는 여인인 소냐는 그렇게 여기지 않았다. 소냐는 인간을 향한 따뜻한 애정을 갖고 있었다. 그랬기에 살인을 저지르고 반성조차 하지 않던 라스콜니코프를 이해하려고 했고, 감싸 주었다. 나중에 그가 수용소에 가서 고된 노동에 시달릴 때도 옆에서 지켜 주었다. 결국, 라스콜니코프는 병이 나고 나서야 큰 깨달음을 얻게 된다. 진정한 사랑 앞에서 자신의 죄를 뉘우치게 된 것이다.

죽음 앞에서 깨달은 숭고한 사랑

이 책에서 주인공 라스콜니코프의 심리 상태는 매사에 불안하고 불만으로 가득 차 있다. 모든 것을 자기중심적으로 생각하고, 극도의 허무주의를 갖고 있었다. 허무주의는 다른 형태로도 발현된다. 너무 많은 부와 명예를 가져서 삶이 풍족한 것이 오히려 나태함으로 나타나기도 한다.

소설이 원작인 영화 《아메리칸 사이코》의 주인공 패트릭은 성공한 금융업계 종사자이다. 1980년대 미국이 경제적으로 초호황기를 누리던 때였다. 패트릭은 좋은 집안과 완벽한 몸매에 온몸을 최고급 명품으로 치장하고 다녔다. 하지만 일상에 감사하기는커녕 돈 자랑을 하고, 자신을 무시하는 사람들을 잔인하게 살인한다. 나중에는 껍질뿐인 인생을 허무하게 느낀다. 연인과 친구도 마찬가지로 오직 금전 지상주의에 빠져 있었다. 그를 유일하게 이해하는 사람은 비서인 진뿐이었다.

마르쿠스는 《명상록》에서 이러한 지나친 생각과 행동 방식을 경계했다. 자연도 먹고 마시는 데 한계를 정했듯이 말이다. 라스콜니코프는 살해라는 극단적인 방식이 아닌, 다른 형태로 자신의 문제를 해결했어야 했다. 하지만 그에게는 자기자신만 생각하는 이기적인 마음이 있었다. 오히려 배움이 부족했던 소냐보다 못했다.

라스콜니코프가 큰 깨달음을 얻은 것은 마침내 '죽음' 앞에 이르렀을 때다. 그는 죽을 정도로 심한 병을 앓으면서, 소녀의 숭고한 사람을 느끼고 깨달음을 얻었다. 자신이 얼마나 나약하고 이기적인 사람인지를 말이다. 죽음이 그를 무기력과 나태, 허무주의에서 구원했다.

죽기 전까지
가장 경계할 것은
바로 권태와 나약이다.

'새옹지마'에 담긴
진짜 의미

인생의 길흉화복은 변화가 많아서 예측하기가 어렵다.

새옹지마(塞翁之馬)。

《회남자》, 〈인간훈〉에서

옛날 옛적 중국 만리장성의 변방에 한 노인이 아들과 오순도
순 살고 있었다. 그런데 어느 날 그가 기르던 말들이 오랑캐 땅
으로 달아나 버렸다. 전 재산이나 다름없는 말들을 잃어버렸으
니 얼마나 상심했을까? 마을 주민들이 노인을 위로하자 그는
"이 일이 좋은 일이 될지 누가 알겠소?"라며 오히려 긍정적인
반응을 보였다. 마을 사람들은 노인이 살짝 정신이 나갔다고
수군댔다.

얼마 지나지 않아서 들판에서 말떼들이 뿌연 연기를 내면서
달려왔다. 놀랍게도 선두에는 노인의 말들이 있었다. 달아난

말들이 오히려 건장하고 뛰어난 명마들을 데리고 돌아온 것이다. 사람들은 속으로 질투하면서도 노인에게 축하의 말을 건넸다. 그러자 노인은 지난번과 반대로 "이 일이 오히려 나쁜 일이 될지 누가 알겠소?"라고 조심스러운 반응을 보였다. 마을 사람들은 '설마'라고 생각하면서, 역시 노인의 정신 상태에 문제가 있다고 생각했다.

말이 씨가 된다는 속담이 있듯이, 노인의 아들은 새로 얻은 명마를 길들이다가 낙마를 해서 다리를 영영 못 쓰게 되었다. 죽지 않은 것이 다행일 정도였다. 이번에도 마을 사람들은 그의 집을 찾아가서 위로했다. 하지만 노인은 역시 남달랐다. "이 일이 좋은 일이 될지 누가 알겠소?"라고 말했으니 말이다.

1년 후 국경에서 전쟁이 일어난다. 마을의 모든 젊은이가 징병되고, 대부분 전쟁터에서 죽고 말았다. 마을 전체가 그야말로 초상집이 되었다. 귀한 자식들을 잃었으니 오죽하랴? 하지만 노인의 아들은 불구였기 때문에 마을에 남아서 목숨을 구할수 있었다.

새옹지마(塞翁之馬), 이 고사성어를 모르는 사람은 없을 것이다. 비단 아시아뿐만 아니라 서구 사회에서도 이 고사를 언급하면서, 인생은 변화무쌍하기 때문에 지나치게 희로애락할 필요 없다는 교훈을 전한다. 수천 년 전의 고사는 큰 지혜를 담고 있다. 정말로 수많은 일들이 좋은 일에서 나쁜 일로, 또는 그 반대가 되는 경우를 목격할 수 있기 때문이다.

자식이 외국의 명문대에 합격했다고 주변에 자랑하던 사람이 비싼 학비와 생활비를 대느라 허덕인다는 이야기들은 꽤 흔하다. 그 자식이 훌륭하게 잘 자라서 나중에 부모와 함께 행복한 삶을 누린다면 해피엔딩이겠으나, 외국에 남기로 결심하면서 부모와의 사이가 소원해지는 경우도 많다. 부모로서는 도대체 무엇을 위해서 희생을 했는지 의문이 들 수밖에 없다.

반대의 경우도 다반사다. 좋은 대학을 나오지 못했지만 사업에 성공해서 으리으리한 저택에서 떵떵 거리면서 사는 사람도 봤다. 그런데 가정사는 그다지 좋지 않다. 부모의 유산을 두고 자녀끼리 법정 공방을 하는 경우도 많았다.

고통을 적극적으로
받아들인다는 것

불교에서는 모든 것은 변한다는 정신을 설파한다. 영원한 것은 없다는 것이다. 당나라 때 법장법사는 반야바라밀다(분별과 집착을 떠난 지혜의 완성)에 대해서 "반야는 지혜이고, 정신적인 깨달음이고, 사물의 본연에 대한 깨달음"이라고 말했다. 《반야심경 마음공부》의 저자 페이융은 반야바라밀다에 대해서 "인생의 고통과 재앙을 회피하지 않고 적극적으로 맞서서 관찰하고, 그것이 허망하다는 것을 깨달아야 한다"고 말했다.

노인에게는 이러한 반야의 지혜가 있었다. 말들이 달아나고 아들이 불구가 되었지만 이를 긍정적으로 받아들였고, 말들이 더 생겨나고 아들이 전쟁터에 나가지 않게 되었을 때도 그다지 기뻐하는 모습을 보이지 않았다(마음속으로는 기뻤겠지만 말이다). 노인이 그렇게 행동할 수 있었던 것은 이미 인생의 변화무쌍함을 알고 있었기 때문일 것이다. 춥고 삭막한 변경에서 생활하면서 얼마나 수많은 어려움을 겪었을까? 그런 고난을 겪으면서 인생의 지혜를 얻은 것이리라.

우리도 인간인 이상 죽기 전까지 평생 희로애락에 반응할 수밖에 없다. 아무런 반응이 없다면 로봇과 다름없다. 하지만 그런 감정들도 세월이 흐르면서 결국에는 변하는 것이라는 사실을 인지해야 한다. 그렇기에 과도하게 기뻐하고, 과도하게 좌절할 필요는 없다. 삶의 끝자락에 섰을 때 좋았던 일을 더하고 나빴던 일을 빼 보면 아마 0이 될지도 모르는 일이다.

지금 나는 어떤가? 가족과 회사, 사업 문제로 힘든가? 아니면 모든 것이 너무 술술 잘 풀리는가? 무엇이 되었든 경계의 마음을 가질 필요가 있다. 결국 누구에게나 새옹지마는 생긴다.

인생은 결국 돌고 돈다.
일희일비하지 말자.

노자는 왜
공자를 비판했을까?

천하에 사람들이 모두 아름다운 것이 아름다운 줄만 알면
이것은 이미 악한 것일 뿐이다.
모두 선한 것이 선할 줄만 알면
이것은 이미 선하지 않은 것일 뿐이다.

天下皆知美之爲美(천하개지미지위미) 斯惡已(사오이),
皆知善之爲善(개지선지위선) 斯不善已(사불선이)。

《도덕경》, 제2장에서

대학 입학 30주년을 맞이하여 같은 학번의 학교 모임 카페에
가입했다. 동기들은 각양각색의 인생을 살고 있었다. 그중에는
소위 말하는 사회적으로 성공한 친구도 있었고, 자신의 분야에
서 묵묵하게 일하는 친구도 있었다. 아마 이러한 모임 자체에
회의적인 시각을 갖고 아예 관심을 끊은 친구도 많을 것이다.
누군가에게는 성공을 과시하는 공간으로만 느껴질 수 있기 때
문이다.

오십이 되며 종종 성공의 의미를 생각하게 된다. 과연 진정
한 성공이란 무엇인가? 대부분 사회적으로 부와 명예를 이루는

것을 생각하겠지만, 그것이 전부는 아닐 것이다. 겉으로 보기에 성공한 것처럼 보이지만 실상은 다를 수도 있다. 오직 성공을 보며 달리다 가족과의 사이가 소원해지거나 불화를 겪을 수도 있다. 또는 건강에 신경 쓰지 않다가 치명적인 병을 앓게 될 수도 있다.

《숨결이 바람 될 때》의 저자 폴 칼라니티(Paul Kalanithi)는 성공한 신경외과 의사였다. 그는 같은 의사인 루시와 의과 대학원에서 만나서 사랑을 싹 틔우고 결혼했다. 고생 끝에 낙이 온다고, 폴은 험난한 레지던트 생활을 끝마치고 마침내 전문직 의사와 교수의 꿈을 눈앞에 두게 된다.

하지만 바로 그때 암에 걸렸다는 사실을 알게 되고, 시한부 인생을 살게 된다. 아직 마흔도 되지 않은 나이였다. 폴과 루시는 남은 생을 충실하게 보내기로 하고, 인공수정을 통해서 아이도 가졌다. 그러나 결국 폴은 세상을 떠났고, 책의 뒷부분은 아내인 루시가 완성했다.

과연 이들 부부에게 성공이란 어떤 의미였을까? 성공한 의사가 되는 것인가? 아니면 남은 인생을 사랑하는 사람과 함께 보내는 것인가? 이 책을 읽다 보면 결국 후자임을 깨닫게 된다. 비록 폴은 세상을 떠났지만 진정한 사랑의 의미를 남기고 갔다. '죽음'은 안타깝지만, 다행히 새로운 '생명'인 딸 케이디가 엄마와 함께하게 되었다. 아빠의 '죽음'과 딸이 태어난 '생명'의

공간이 불과 200미터도 떨어지 않았다는 것도 얼마나 극적인
일인가?

절대적인 성공과 실패의 기준은 없다

인생을 살면서 수많은 성공과 실패를 목격하게 된다. 그런데
점차 절대적이고 영원한 성공과 실패는 없다는 생각이 든다.
이것이 바로 노자가 주창한 사상이다. 이 세상에는 절대적인
기준보다는 상대적인 가치관이 중요하다. 사람들이 모두 아름
답다고 하는 것은 결국 상대적인 기준에 따른 판단일 뿐이다.

고대에는 미(美)의 기준이 지금과 달랐다. 먹고살기 힘든 시
절에는 육중하고 풍만한 몸매의 남성과 여성이 부와 미의 상징
이었다. 지금은 다르다. 이전보다 먹고사는 것이 부족하지 않
은 상황이므로 자기 관리를 잘하는 모습을 더 높게 평가한다.
가냘플수록 더 아름답다고 평가하는 것이다. 물론 이에 반기를
드는 미디어도 있다. 결국 자연스러움이 중요하다는 것이다.

"얼굴이(몸매가) 이기적이다"라는 신조어가 생겨날 정도로
현대 사회는 그 어느 때보다 겉으로 드러난 모습에 주목한다.
예전에는 드라마나 영화 속 배우에게서 보던 아름다움을, 이제
는 언제 어디서든 SNS에서 관찰한다.

노자는 이러한 행태를 사오이(斯惡已), 즉 "이미 악한 섯뿐이다"라고 일갈했다. 비단 아름다움뿐만 아니라 선과 악의 기준도 마찬가지다. 그가 공자를 비판한 이유 중의 하나다. 선과 악도 인간이 임의적으로 판단할 수 없다는 이유에서다.

거대한 국가와 사회를 유지하기 위해 법과 도덕적 규범은 필요하다. 하지만 모든 것을 절대적인 기준이라고 여길 필요는 없다. 우리가 성공했다고 여긴 것이 그렇지 않을 수도 있음을 알면 된다. 오히려 가족들과 오순도순 소박하고 즐겁게 사는 것이 진정한 성공이라고 할 수도 있다.

단 한 번뿐인 인생을 살면서, 나에게 진정한 성공의 의미가 무엇일지 스스로 생각해 보자. 남들이 아닌 나만의 시선으로 말이다. 생의 마지막 날 눈을 감으며 머릿속에 남는 기억이 소중한 사람과의 행복했던 한때인지, 물질적인 풍요에 기뻐하던 때일지 생각해 보아야 한다.

생의 마지막 날
어떤 종류의 성공이
머릿속에 남을지 고민하라.

소크라테스가
죽음을 거부하지 않은 이유

성찰하지 않는 삶은 가치가 없다.

The unexamined life is not worth living.

소크라테스, 《소크라테스의 변론》에서

서양철학을 논할 때, 빼놓을 수 없는 첫 번째 인물은 바로 소크라테스(Socrates)다. 철학을 모르거나 관심 없는 사람들도 그의 이름을 들어봤을 것이다. 그는 맹자보다 30년 정도 일찍 그리스의 아테네에서 태어났다.

당시 아테네는 페르시아 전쟁의 승리로 전성기를 보내고 있었다. 아테네의 시민들은 다른 나라에서 거둔 자금으로 풍요로운 세월을 보냈다. 자연스럽게 정치에 관심을 갖게 되었고, 지혜로운 사람들이라는 뜻인 '소피스트(Sophist)'라 불리는 수많은 웅변가들이 나타났다. 그런데 이들 소피스트들은 말만 앞서고 명성을 추구했기 때문에, 남은 것은 공허한 이론뿐이었다.

이러한 현실을 직시하며, 소크라테스는 질문을 던지기 시작했다. 바로 "너 자신을 알라!"라고 일갈한 것이다. 그러면서 "나는 누구이고, 무엇인가?"라는 질문을 던지면서 제자들이 스스로 깨달음을 얻을 수 있도록 했다.

하지만 소크라테스는 아테네의 젊은이들을 선동하고 신을 믿지 않는다는 이유로 사형을 언도받았다. 그는 법정에서 재판을 받을 때 자신의 죽음을 예상하면서도 "성찰하지 않는 삶은 가치가 없다"라고 이야기했다. 소크라테스는 생전에 기록을 남기지 않았기 때문에 그의 제자 플라톤(Plato)이 그의 어록을 정리했다. 영어로는 'Unexamined'라고 해서, 직역하면 '검사받지 않은 이'라는 뜻이지만, 그가 생전에 강조한 성찰의 삶을 감안했을 때 결국 자기 검열을 하지 않는다는 것은 성찰하지 않는다는 의미가 된다.

나는 누구인지
질문해 보자

인생을 살다 보면 종종 과거의 일을 후회하게 된다. '그때는 왜 그런 것일까? 만약 그때 이렇게 행동했다면 어땠을까?' 이는 바람직한 삶의 자세다. 하지만 문제는 후회만 하고 끝나는 것이다. 후회를 계속하다 보면 습관이 된다. 점차 내 결정과 행동에 자신감을 잃게 된다. '거봐, 이럴 줄 알았어. 역시 난 안 돼', '난 할 수 없어. 나는 이것밖에 안 되는 사람이야'라고 단정을 내리게 된다. 하지만 이는 삶을 성찰하는 자세가 아니다.

성찰(省察)이란 반성하고 살핀다는 의미다. 반성과 후회는 엄연히 다르다. 반성은 좀 더 큰 의미에서 내가 추구하는 가치에 맞춰서 제대로 생각하고 행동하고 있는지에 대한 검증이다. 그러려면 '가치'에 대해서 먼저 생각해 봐야 한다.

그 시작은 소크라테스의 "나는 누구인가?"라는 질문에서 시작한다. 아마 이런 질문을 받으면 대부분 사람은 "나는 ○○회사에서 일하고, △△을 전공했습니다. 아들과 딸 몇 명을 둔 □□□입니다" 등과 같이 말할 것이다. 하지만 이것은 내 겉모습만 나타내는 것이고, 정체성을 나타낼 수는 없다.

"나는 누구인가?"라는 질문에 거창한 답을 생각할 필요는 없다. 예를 들자면 이런 모범 답안이 있을 것이다. "나는 사람들을 연결합니다", "나는 과학으로 인류의 발전을 추구합니다", "나는 다양한 지식을 전달하는 사람입니다", "나는 사랑을 나눠줍니다", "나는 행복전도사입니다", "나는 꿈을 실현하는 사람입니다" 등등, 이처럼 생각해 보면 되는 것이다.

자신을 성찰하면서
내가 추구하는 가치를 돌아보자

공자의 제자 증자(曾子)는 공자에게서 "증자는 둔하다"라는 소리를 들을 정도로 다른 제자들에 비해서 뒤처졌지만, 매일 세 가지씩 성찰하면서 학문에 깊이를 더했다.

나는 하루에 세 번 나 자신을 반성한다. 남을 살피는 데 진심을 다했는가? 친구와 사귀는 데 믿음을 주었는가? 배운 것을 습득했는가?

여기서 증자가 언급한 진심(忠)과 믿음(信)은 결국 다른 사람의 마음을 헤아리는 것이다. 그는 공자가 전수한 인의 개념에서 '서(恕)'를 중요시했다. 그것은 상대방과 나의 마음이 같다는 것이다. 그렇기 때문에 배려하는 마음이 곧 인이라고 믿었고, 그렇게 가르쳤다.

자신의 의견을 자유롭게 제시할 수 있는 SNS가 넘치는 현대에는 또 그만큼 수많은 철학자가 넘친다. 자신만의 이론으로 사람들을 설득하고자 하며, 때로는 혼란시키기도 한다. 투자를 예로 들면 한때는 부동산, 또 한때는 주식이나 비트코인 등의 광풍이 불었다가 사라지기도 한다. 이럴 때 무작정 남을 따라 가기보다는 내 삶의 정체성과 가치에 대해서 한번 생각해 보자. '나는 누구인가? 남들처럼 투자를 잘하기 위해서 돈 공부를 하는 것이 맞는가? 아니면 절약하고 아끼면서 차곡차곡 돈을 모으는 것이 맞는가?'

더 넓게는, '나는 부자가 되는 것이 목적인가? 아니면 돈을 벌어서 나와 가족의 행복을 추구하는 것이 목적인가? 나는 존경받고 영향력 있는 사람이 되고 싶은가? 아니면 조용히 소소한 행복을 추구하고 싶은가?'와 같이 질문할 수 있다.

내가 추구하는 가치가 선행되어야 남은 인생을 어떻게 살아야 할지 방향성이 보인다. 미디어, SNS, 주식, 부동산 가격에 마음이 요동치는 삶을 살다 보면 종국에는 삶의 목적과 의미를 찾지 못해서 방황하게 된다. 물질만을 따라 가며 인생의 가치나 삶의 목적을 고민하지 않은 삶이 죽음 앞에 섰다면, 과연 소크라테스처럼 당당하게 자신의 인생 철학을 말할 수 있을 것인가? "너 자신을 알라"는 소크라테스의 질문이 지금 이 사회에 더 큰 울림을 주는 이유다.

진정한 가치가
무엇인지 성찰하라.

관중과 포숙 같은 친구가
반드시 필요한 이유

친구를 특별하게 사랑하는 것은
돈을 특별하게 사랑하는 것보다 더 훌륭하다.

Unusually great love of friends being more honourable
than unusually great love of money.

아리스토텔레스, 《아리스토텔레스의 수사학》에서

우리는 누군가의 이해와 인정을 필요로 한다. 어렸을 적에는 부모님과 선생님, 친구들의 인정을 받고 싶고, 사회에서는 직장 동료나 사업 파트너로부터 능력을 인정을 받고 싶어 한다. 인정 욕구는 인간의 자연스러운 본능이다.

오랜 회사 생활을 마치고 자연인이 되었을 때 많은 선배들이 이런 이야기를 했다. 예전 직장 동료와 만나면 초반에는 반갑지만 시간이 지날수록 점차 공통 화제가 사라지고 어색해진다고 말이다. 물론 직장 동료와도 관포지교(管鮑之交)나 금란지교(金蘭之交)를 나눈다면 다르겠지만, 대부분은 그렇지 못한다. 이러다 보니 초등학교, 중학교, 고등학교, 대학교 친구들을 다시 찾게 된다. 그러나 평소에 자주 연락했다면 모르겠지만 그렇지 않다면 역시 어색할 수밖에 없다.

플라톤의 제자이면서 역시 위대한 철학자의 반열에 오른 아리스토텔레스(Aristotle)는 《수사학》에서 '말하는 기술'을 논하면서, 제7장에 상대적 이로움을 설명했다. 여기에서 그는 친구들에 대한 사랑을 돈보다 더 강조했다. 수사학을 설명하는 하나의 예시이지만, 평소 그의 지론(持論)을 알 수 있는 문장이다.

살다 보면 그 말이 맞다는 것을 느끼게 된다. 돈은 생겼다가도 언제든지 사라질 수 있지만, 친구와의 우정은 그렇지 않다. 남들한테 말하지 못하는 것을 친구에게는 편하게 이야기하고, 친구의 격려와 지지를 받으면 아무리 어려운 일이 있어도 극복할 수 있다는 생각이 든다. 이는 돈으로 주고 살 수 없는 값진 것이다.

반면, 우정을 다른 시각으로 바라보는 사람도 있다. 프랑스의 작가 마르셀 프루스트(Marcel Proust)는 친구와 함께 사용하는 시간은 낭비라고 하고, 우리의 삶에 우정이 딱히 필요하지 않다고 주장한다. 그는 우정이라는 것이 예술가로서 의무를 다하지 못하게 만들고, 오히려 시간을 방해하는 요소라고 지적한다. 우정을 유지하기 위해서는 그만큼 시간과 에너지를 사용해야 하기 때문이다. 조금 더 덧붙인다면, 사실 프루스트는 우정뿐만 아니라 사랑에 대해서도 회의적인 시각을 갖고 있었다.

나를 이해하는
참된 우정

우정은 사람에 따라서 다르게 해석될 수 있다. 어떤 사람은 자신에게 더 집중해야 할 필요가 있기 때문에 가식적인 관계를 지양하고, 또 어떤 사람은 다른 사람으로부터 힘과 에너지, 또는 관계에서 오는 이점을 활용할 수 있기 때문에 우정을 중요시한다. 결국 정답이란 따로 없는 것이다.

우정을 강조하는 대표적인 고사성어인 관포지교도 마찬가지다. 관중과 포숙은 어릴 적부터 막역하던 사이였고, 무엇보다 포숙은 매번 관중의 상황을 잘 이해해 주었다. 장사를 하며 관중이 더 많은 이득을 취해도 노모가 있기 때문에 그렇다고 이해했다. 전쟁 도중 달아날 때도 다른 사람들은 비난을 했을지언정 포숙은 그가 노모를 생각해서 그랬다며 또 감쌌다. 나중에 관중이 다른 주군을 위해서 싸우다가 붙잡힌 후에도, 그의 능력을 높이 사서 자신보다 윗자리에 앉도록 했다. 실제로 관중은 뛰어난 정치가와 행정가로서 제나라의 황금기를 이끌었다. 포숙이 관중의 실력을 제대로 알아본 것이다.

성공하고 명성을 얻으면 나를 칭찬하고 존경하는 사람들이 생긴다. 그러나 그것은 겉으로 드러난 점을 좋게 보는 것일 뿐이다. 또한 사회적인 지위가 있기 때문에 대가를 기대하는 것일 수도 있으니 순수한 마음은 아닐 것이다. 만약 아리스토텔레스가 말한 바와 같이 친구보다 돈을 중요시 한다면 그것도 건전한 관계가 아니다. 돈으로 사는 관계는 형식적일 수밖에 없다. 특히 인생의 후반부가 시작되면 돈으로 이루어진 관계들이 얼마나 허망한지 그 차이를 느끼게 된다.

인생의 마지막 순간에 서면 삶 전체를 생각해 보게 될 것이다. 그때 인생의 전반부, 전성기, 심지어 후반부에 왔을 때도 변함없이 나를 지지해 주는 사람이 있다면 그 인생은 정말로 성공한 것이라고 할 수 있지 않을까? 그 사람은 친구, 후배, 선배, 가족 등 가릴 것이 없다.

지금까지 인생을 살면서 주변에 이런 사람이 전혀 없다면 스스로 삶을 돌아볼 일이다. 무엇보다 중요한 것은 나를 향한 지지를 구하기 전에, 과연 나도 상대방을 지지하고 이해하려고 노력하느냐이다. 일방적으로 나의 편이 되어 주기만을 원하지 말고, 나 역시 기꺼이 상대방의 편이 되어 주어야 할 것이다.

우리는 사랑하는 친구들에
의해서만 알려진다.

_윌리엄 셰익스피어

나는
무엇에
집착하고 있는가?

허와 실을 구분하는 법

번뇌의 근원은
욕망이다.

석가모니 釋迦牟尼

"잘못하고도 고치지 않는 것이 잘못이다"

공자께서 말씀하셨다.
"마흔이 되어서도 여전히 사람들에게서 미움을 받는다면,
그 인생은 끝난 것이다."

子曰(자왈),
"年四十而見惡焉(연사십이견오언),
其終也已(기종야이)."

《논어》, 〈양화〉 편에서

《논어》에서 가장 강렬한 문구는 '연사십이견오언, 기종야이 (年四十而見惡焉, 其終也已)'라는 말이다. 나이 마흔이 되어서도 미움을 받으면 (그 인생은) 끝이라는 뜻이다. 하필 마흔이라고 말한 이유는 공자가 마흔을 군자의 경지에 이를 나이라고 여겼기 때문이다.

공자의 인생을 보면 15세에 학문에 뜻을 세웠고, 30세에 정신적으로 자립했다. 이는 자신의 학문이 하나의 경지에 이르렀다는 의미이다. 그래서 어느 정도 경지에 오른 불혹(不惑), 즉 유혹받지 않아야 할 마흔에 여전히 자신의 가치관을 확립하지

못하고 다른 사람에게 피해를 준다면 그야말로 그 인생은 '끝'이라는 것이다.

사실 마흔이 되면 사회적으로 어느 정도 위치에 오르고 선배뿐만 아니라 많은 후배도 생기게 된다. 만약 오십이라면 더욱 많을 것이다. 이미 선배 중에서도 최고참에 속하고, 까마득한 후배도 많아진다. 그런데도 여전히 남들에게 피해를 주고, 자신이 원하는 식으로만 사는 습관을 유지한다면 어떻게 될까?

예전에는 동료나 선배에게 훈계를 들었겠지만, 나이가 들면 그런 말을 해 줄 사람도 점차 사라진다. 이제는 아무도 나에게 솔직한 충고를 하지 않는다. 나이가 많기 때문에 그런 말을 해 주기도 부담스러울 것이고, 더 이상 변화할 것이라는 기대도 없기 때문이다.

과이불개의
참된 의미

2022년 한국 사회를 대표하는 사자성어로 대한민국의 교수들은 '과이불개(過而不改)'라는 말을 꼽았다. 잘못하고도 고치지 않는다는 뜻이다. 당시에는 사회적, 정치적으로 많은 일들이 있었다. 누군가의 명백한 잘못도 있고, 아닌 것도 있다. 하지만 어른으로서 책임을 져야 하는 일에도 변명만 하고 회피하

기 일쑤였다. 그런 사회를 향한 실망감을 나타낸 것이나. 사실
이러한 이슈를 제기한 학계에도 여전히 일부 교수의 잘못된 행
태로 자성을 요구하는 목소리가 높기는 하다.

과이불개는 논어의 〈위령공〉 편에 나오는 글귀다. '과이불개
시위과의(過而不改 是謂過矣)'로써 '잘못하고도 고치지 않는
것, 이것은 잘못이다'라는 뜻이다. 즉, 누구나 실수를 하고 잘못
을 할 수 있지만 그것을 인지하고도 고치지 않는 것은 문제라
는 의미다.

마흔은 한창 사회적으로 바쁘고, 누군가는 승승장구하는 시
기이기 때문에 미처 자신을 돌아볼 틈이 없다. 오직 경쟁에서
살아남기 위해서 발버둥을 친다. 그러다가 마흔 중반에 이르면
어느 정도 자신의 사회적 성과가 드러나고, 오십에 이르면 대
부분 삶을 돌아보며 인생의 의미를 생각하게 된다.

자신의 사회적인 지위 변화도 있지만, 자신을 둘러싼 인간관
계 변화 때문이기도 하다. 부모의 죽음을 접하게 되고, 동료나
친구의 갑작스러운 죽음을 만나게도 된다. 자녀가 있다면 대학
생이 되거나 사회에 진출하고, 자신의 위치 역시 전과는 다름
을 알게 된다.

원망과 증오를 받는 인생은
과연 성공한 것인가?

자각을 하는 단계에서 자신을 돌아보면서 문제점을 깨닫고 정신을 차리는 사람도 있고, 그렇지 않은 사람도 있다. 그런대로 잘 살고 있다면 괜찮겠지만, 만약 주변 사람들이 나를 두려워하거나 미워하거나 또는 소외시킨다면 거기에는 이유가 있을 것이다. 사회적 시선과 상관없이 혼자 꿋꿋하게 살 수 있다고 자신한다면 모르겠지만, 조금이라도 사랑을 받거나 줄 수 있는 관계를 원한다면 자신을 뒤돌아봐야 한다.

이때 가장 경계해야 할 생각은 잘못된 습관과 언행을 고치기에 이미 너무 늦었다고 생각하는 것이다. 경청하기보다 자신의 주장을 고집하는 문제가 있다면 마흔이 아니라 쉰, 예순이라도 이를 고쳐야 한다.

만약 자신보다 나이가 어린 사람에게 반말을 서슴없이 하고 있었다면 반성하자. 자신은 느끼지 못하겠지만, 주변에서는 당신의 사회적인 지위가 두려워 차마 반말을 하며 무시하지 말라는 말을 하지 못했을 것이다. 혹은 무서워서 피하는 것이 아니라, 더러워서 피하는 것이라 생각하는 것일 수도 있다.

마흔이 되어서도, 쉰이 되어서도, 예순이 되어서도 미움을 받는 인생을 산다면 그 인생은 분명 잘못 산 것이다. 뒤에서 어떻게 남은 인생을 살지에 대한 방법론을 좀 더 이야기하겠지만,

우선 스스로 자신을 돌아보자. 나는 누군가에게 사랑을 받는 사람인가? 아니면 미움을 받는 사람인가? 이 질문을 스스로에게 던지고 잠시 눈을 감아 보자.

나이는 숫자에 불과하다.
잘못을 알면 고칠 줄 아는
태도가 더 중요하다.

마르쿠스가 강조한
진정한 아름다움의 실체

어떤 방식으로든 아름다운 모든 것은
내재된 그리고 그 자체로 충분한 아름다움을 가지고 있다.

Everything in any way beautiful has
its beauty of itself, inherent and self-sufficient.

마르쿠스 아우렐리우스, 《명상록》에서

잊을 만하면 한번씩 미디어를 통해서 예전의 스타를 만나게 된다. 한때는 당대 최고로 아름다운 배우 혹은 잘생긴 배우로 명망이 높았지만 세월이 지나면서 서서히 잊힌 사람들이다. 시간은 누구에게나 공평하게 주어지기 때문에, 젊은 시절 무척 잘났던 이들도 세월 앞에서는 어쩔 수 없다는 걸 알 수 있었다.

나 자신을 예쁘게, 그리고 멋지게 가꾸는 일은 당연히 필요하다. 다만 세월의 변화는 인정해야 한다. 아무리 막으려고 해도 막을 수 없다. 멋진 옷에 좋은 향수를 쓰고 꾸미는 것보다 더 중요한 것은 내면에서 우러나오는 매력일 것이다.

보통 '오라(aura)'가 풍긴다는 말이 그런 느낌일 것이다. 오라는 '숨'을 뜻하는 고대 그리스어에서 유래했다. 사전에서는 '어떤 사람이나 장소에 서린 독특한 기운'이라고 한다. 고유의 분위기라고도 할 수 있다.

사람들 중에는 이러한 오라를 풍기는 사람들이 있다. 오라는 아무에게서나 발산되지 않는다. 자신만의 독특한 분위기를 가진 사람들에게서만 느낄 수 있다. 그것이 긍정적으로 발산되면, 그것은 아름다움 그 자체가 되는 것이다.

변하지 않는
매력적인 모습을 원한다면

겉과 속이 모두 아름다운 사람, 그러면서 독특한 오라를 뿜는 사람은 많았다. 많은 사람이 그 대표로 영국의 배우인 오드리 헵번(Audrey Hepburn)을 꼽는다. 헵번은 부유한 명문 가문에서 태어났지만, 제2차 세계대전을 겪으면서 가세가 기울었다. 극심한 영양실조에 허덕이던 불우한 시절을 보냈고, 큰 키 때문에 발레리나의 꿈도 포기해야 했다.

이후 그는 영화 《로마의 휴일》로 일약 스타덤에 올랐다. 출연하는 영화마다 승승장구했지만, 개인사는 그다지 행복하지 않았다. 불행한 개인사에도 불구하고, 그는 유니세프 대사로 활동하면서 본격적인 구호 활동에 나섰다. 암 투병 중에도 소말리아 아이들을 돕는 것을 멈추지 않았다. 검소한 생활 태도를 유지하고, 아이들에게 최선을 다했다.

헵번이 세상을 떠나기 전에 아이들에게 읽어 준 시를 보면, 그가 평소 어떤 생각을 가지고 인생을 살아왔는지 알 수 있다.

매력적인 입술을 원한다면 친절한 말을 하세요.

사랑스러운 눈을 원한다면 사람들의 좋은 점을 찾으세요.

날씬한 몸매를 원한다면 배고픈 사람들에게 음식을 나눠 주세요.

진정한 아름다움의 의미

사람들은 외모가 아름다운 사람에게 "마치 오드리 헵번같이 아름답다"라며 찬양한다. 하지만 그것이 과연 진정한 아름다움일까? 단지 미디어에서 만들어 낸 허구의 아름다움은 아닐까?

마르쿠스는 《명상록》에서 아름다움은 그 자체로 내재된, 충분한 아름다움을 갖고 있다고 말했다. 진정한 아름다움은 그것이 무엇이든지 보는 사람은 그 자체에서 아름다움을 느낄 수 있다. 누군가는 이를 아름답다고 하고 누군가는 아니라고 할 수 있으나, 시간이 지나면 점차 진위가 드러나기 마련이다.

남들의 아름답다는 칭찬을 계속 듣기 위해서 자신을 끊임없이 꾸미고, SNS에 인증샷을 올리고, 미디어에 노출한다고 해도 사람들은 느낄 것이다. 그 사람에게 더 이상 아름다움이 있는지 없는지 말이다.

만약 오십 대, 육십 대, 칠십 대가 되어도 여전히 사람들이 아름답다고 찬양할까? 오십 대에 외모가 이십 대와 같다는 것이 과연 칭찬일까? 그것은 상대방을 속이고, 나 자신을 속이는 것이다. 그 나이와 어울리는 아름다움은 따로 있는 법이다. 마치 아침 햇살이 눈부시게 아름답고, 저녁 노을도 마찬가지로 은은한 아름다움을 선사하는 것과 같다.

헵번처럼 살신성인의 경지에까지 이르라는 어려운 주문은 아니다. 평소 내적인 아름다움을 가꾸는 것을 게을리하면 안 된다는 뜻이다. 나이가 들면 더욱 그렇다. 이러한 노력들이 결국 자신의 겉모습에 오라를 더해 줄 것이다.

아름다운 겉모습은 한때의 것이다.
스스로 빛나는
내면의 아름다움을 가꿔라.

허유가 왕의 자리를 거절한 이유

허유가 말했다. "장차 허명을 가지란 말이십니까?
이름은 실상의 손님이거늘 내 어찌 손님이 되겠습니까?"

許由日(허유왈), "吾將爲名乎(오장위명호)?
名者實之賓也(명자실지빈야) 吾將爲賓乎(오장위빈호)?"

《장자》, 〈소요유〉 편에서

중국 역사상 가장 태평한 시기로 요순(堯舜)시대를 손꼽는
다. 이들은 명군의 대명사로, 전설적이라 평가되는 인물들이
다. 이런 일화가 있다. 어느 날 요 임금은 백성의 삶을 직접 알
아보기 위해서 평상복을 입고 신하들과 시찰에 나섰다. 그때
밭에서 술에 취한 한 노인이 막대기로 땅을 두드리면서 임금
앞에서 이러한 노래를 불렀다.

해가 뜨면 일하고, 해가 지면 쉬고, 우물을 파서 마시고, 밭을
갈아 먹으니 임금의 덕이 내게 무슨 소용이 있겠는가?

후대의 중국 황제 앞에서 이런 노래를 불렀다면 목숨을 부지하기 어려웠을 것이다. 그만큼 백성들은 등 따시고, 배불렀으며, 태평가를 부를 정도로 평화로웠다. 그야말로 노자가 《도덕경(道德經)》에서 언급한 진정한 도(道)를 실천한 것이다.

노자는 "큰 나라를 다스리는 것은 작은 생선을 찌듯이 해야 한다"라고 말했다. 작은 생선은 쉽게 부서질 수 있기 때문에 요리를 할 때 불의 세기 등을 조절하면서 세심하게 신경을 써야 한다. 요 임금은 이를 제대로 실천한 임금이다. 나라에서 백성들의 노동력을 착취하거나 과도한 세금을 부과하지 않고, 그냥 편하게 생업에 종사하도록 만든 것이다.

임금 본인도 검소하게 살아서 과연 임금이 맞는지 의심스러울 정도였다. 행동거지가 바르고, 채소 위주로 식사를 했다. 심지어 자신의 뒤를 이을 후계자로 혈연보다는 덕이 뛰어난 사람을 찾고자 했다. 요 임금의 아들은 아버지의 기준에 미치지 못했기에, 대신해 찾은 것이 바로 허유라는 사람이었다.

한번 상상해 보자. 비록 부와 권력을 누리는 황제가 아니더라도, 어쨌든 한 나라의 수장이 된다는 것이 어떤 의미일까? 선의든 악의든 나의 뜻대로 펼칠 수 있다는 것이다. 하지만 허유는 이를 단호하게 거절했다. 그러면서 이런 명언을 남겼다.

이름은 실상의 손님이거늘 내 어찌 손님이 되겠습니까?

한 마디로 명성의 노예가 되기보다는 실질적인 삶의 주체가 되고 싶다는 의미다. 허유에게는 권력보다는 소박한 삶이 더 좋은 삶이었던 것이다. 만약 그가 요 임금으로부터 자리를 물려받았다면, 요순시대에 버금가는 요허시대의 태평성대로도 사람들에게 회자되지 않았을까?

허명을 추구하는 시대

가난하더라도 행복하던 시대를 지나 지금은 극도의 자본주의 사회로 바뀌었다. 권력을 경계하는 행동을 추앙하기보다는, 오히려 불나방처럼 권력에 몰려들고 있다. 누군가 권력에 맛을 들이면 그 중독성은 술과 마약보다 강하다고 말한 것과 같다.

권력뿐만 아니라 명성도 마찬가지다. 다들 허명을 추구하느라 마치 자신이 그 분야에서 최고 전문가인 것처럼 행동하곤 한다. 예전에는 겸손을 최고의 미덕으로 여겼지만, 지금은 아닌 것이다. 미디어, SNS 등 가능한 모든 수단을 동원하여 어떻게든 자신을 알리려고 한다.

물론 시대는 변했다. 더 치열해지고 각박해졌다. 수백 명 혹은 수천 명 단위의 마을이나 도시도 아니다. 수십 만 명, 수백만 명 이상의 메가(mega)급 도시의 시대에 살고 있다. 자신을 알리지 않으면 살아남기 어렵다. 그렇기에 내가 가진 능력보다 더 크게 과장하려고 한다.

어쩔 수 없는 상황이라고 한다면 마음가짐을 잘 가져야 한다. 생존을 위해서 어쩔 수 없다는 것은 이해할 수 있으나, 오직 부와 명성, 지위, 평판에 집착하는 것이 문제다. 미디어의 발달로 인한 SNS 세상도 마찬가지다. 현대인들은 이미 보여주기 수단에 중독되어 있다. 누군가의 반응에 일희일비하는 것이다. 좋아요 개수에 따라 그날 하루 기분이 좌우되기도 한다.

허유가 '이름은 실상의 손님(名者實之賓也)'라고 언급한 것도 바로 이와 같다. '실(實)'은 실질적인 것을 뜻한다. '명(名)'은 실질적인 것이 아니다. 실은 눈에 보이지만, 명은 그렇지 않다. 이름은 실체가 없다. 하지만 사람들은 실체가 없는 것에 가치를 둔다. 그 사람의 부와 명성, 지위를 고려했기 때문이다.

하지만 영원히 빛나는 것도 있다. 사람들이 이순신 장군이나 세종대왕을 기리고 동상을 세워서 잊지 않는 것도 이와 같다. 이분들은 자신의 명성을 위해서 노력하지 않았다. 백성을 위한다는 숭고한 목적만이 있었고, 그것이 바로 백성들에게 혜택을 주는 실이 되었다. 이순신 장군의 활약으로 백성들은 전쟁에서 벗어날 수 있었고, 세종대왕의 끊임없는 노력 덕분에 우리는 '한글'과 같은 훌륭한 문자를 갖게 되었다. 실의 손님이 아니라 주인이 되었던 것이다.

과연 나는 실의 주인이 되고 싶은가? 아니면 명을 추구하며 손님으로 남고 싶은가? 한번쯤 생각해 보아야 하는 일이다.

명성은 찰나이다.
죽은 뒤 무엇을 남기고 싶은지
스스로에게 질문해 보라.

"물고기를
잡는 법을 가르쳐라"

오리 다리는 비록 짧지만 이어주면 걱정하고,
학의 다리가 길다고 자르면 슬퍼한다.

鳧脛雖短(부경수단) 續之則憂(속지즉우),
鶴脛雖長(학경수장) 斷之則悲(단지즉비)。

《장자》, 〈변무〉 편에서

어느 날, '북한이 제일 무서워하는 것은 한국의 중2'라는 농담 같지 않은 농담을 들었다. 들을 당시에는 웃었지만, 나중에는 농담이 아님을 알게 되었다. 막상 자식을 키우는 입장이 되어 보니 정말로 그랬다. 예전에 한 후배의 아이는 새로운 곳으로 전학한 뒤 적응을 못해서 아예 등교 거부를 했고, 몇 달간 학교를 쉬었다고 한다. 아이 이야기를 할 때마다 후배의 근심 어리던 표정이 아직도 생생하다.

최근에는 주변에서 자퇴하는 학생도 심심치 않게 볼 수 있다. 자신의 길을 주체적으로 가려는 모습은 보기 좋지만, 부모의 입장은 그렇지 않다. 아이가 조금이라도 평탄한 길을 가기를 원하는 것이 부모의 마음이니까 더욱 그렇다.

내가 통제할 수 없는 것들

어느 방송에서 유명한 강연가가 이런 이야기를 했다. 본인도 자식만큼은 정말로 컨트롤하기 어렵다고 말이다. 그는 많은 사람에게 삶에 대한 조언을 하며 사람들의 지지와 존경을 받았다. 하지만 막상 아이에게 조언하려고 하니 전혀 통하지 않았다. 그래서 조언을 포기하고 매일 출근할 때마다 안아주었다. 처음에는 아이도 거부감을 보였지만, 차츰 익숙해졌다.

또 다른 유명한 강연자 역시 자식이 게임에 빠지자 그냥 내버려 두고, 오히려 믿고 지지했다. 한 마디로 "Let it go!(내버려 두다)"를 한 것이다. 그것이 부모와 자식 간의 관계를 그나마 연결해 주는 방법이다. 우리 주변뿐만 아니라 역사적으로 수많은 위인들도 자식 농사만큼은 쉽지 않았다.

공자의 아들도 그다지 뛰어난 학문적 성취를 보이지 않아서 그의 학문은 손자가 이었다. 공자의 학통을 이은 증자는 또 어떠한가? 그의 아들도 아버지만큼 뛰어나지 않았다. 이런 일화가 있다.

증자가 역시나 공자의 제자였던 아버지 증석을 봉양할 때의 일이다. 증자는 반드시 술과 고기를 내왔고 아버지가 식사를 한 후에는 "다른 사람들에게 술과 고기를 드릴까요?"라고 여쭈었다. 아버지가 "남은 술과 고기가 있느냐?"라고 물으면 반드시 "네, 있습니다"라고 대답했다.

증자의 아들 증원도 나중에 아버지에게 같은 방법으로 술과 고기를 내왔는데, 다른 사람들에게 술과 고기를 드릴지 묻지 않았다. 증자가 "남은 술과 고기가 있느냐?"라고 질문하면 "아니오, 없습니다"라고 솔직하게 대답했다. 이는 남다른 절약 정신을 발휘해서 나중에 아버지께 다시 남은 음식을 드리려고 한 것이지만, 맹자는 이것이 진정으로 부모의 뜻을 헤아린 것이 아니라고 이야기한다.

즉, 증자는 아버지에게 집안에 술과 고기가 넉넉하게 있음을 알려서 부모의 마음을 편안하게 한 반면, 그의 아들 증원은 남은 것이 없다고 해서 부모의 마음을 불편하게 했다는 것이다.

내려놓는 자세

인생의 행복과 불행은 대부분 관계에서 온다. 그 중에 큰 부분을 차지하는 것이 바로 가족 간의 관계다. 자식이 있다면 자신의 행복과 불행 중 상당 부분이 자식에게서 온다는 점을 느낄 것이다. 사회생활이 힘들더라도 아이의 해맑은 웃음, 열심히 공부하는 모습 등은 삶의 활력소가 된다. 그 반대의 경우도 있다. 아이가 자라면서 속을 썩이면 '웬수'가 따로 없다. "자식이 아니고 원수"라는 말이 그냥 나온 것은 아니다.

하지만 부모의 마음에도 변화가 필요하다. 바로 내려놓는 자세이다. 나의 기준에 꼭 맞지 않더라도 그냥 두어야 한다. 장자가 '오리'와 '학'의 다리를 비유한 것도 이와 같다. 다리가 짧다고 롱다리 오리로 만들거나, 다리가 너무 길다고 숏다리로 만든 학의 모습이 과연 좋은 것일까? 내 눈에는 흡족할지 모르지만, 오리와 학의 마음은 그렇지 않을 것이다. 가족 간의 관계도 마찬가지다. 나의 기준을 강요하다 보면 모두 불행해질 수밖에 없다.

특히 가족의 영향을 생각한다면 이러한 삶의 자세는 꼭 필요하다. 자식의 미래를 생각한답시고 과도한 교육과 스트레스를 준 뒤에 성적만 좋아지면 만사형통일까? 그러면서 부모와 자식 간의 관계가 소원해지면 어떻게 될까? 인생에서 가장 중요한 가치가 무엇인지 깨닫지 못하고, 오직 좋은 성적, 학교, 직장을 구하는 데 혈안이 된다면 부모의 진정한 사랑이 무엇인지 과연 알 수 있을까? 나이가 들수록 관계는 소원해지고, 자칫 외로운 노년 생활을 보내게 될 수도 있다.

어차피 내가 세상을 떠난 후에는 자식들 스스로 길을 찾아서 살아가야 한다. 유대인들의 지혜를 담은 《탈무드》에서는 자식에게 물고기를 잡아 줄 것이 아니라, 물고기를 잡는 법을 가르쳐야 한다고 이야기한다. 그러려면 우선 마음가짐의 변화가 필요하지 않겠는가?

길을 정해 줄 것이 아니라
스스로 자신의 길을
정하도록 가르쳐라.

공자가 말한
군자와 소인이 좋아하는 것

공자께서 말씀하셨다.
"군자는 의를 좋아하고, 소인은 이익을 좋아한다."

孔子曰(공자왈),
"君子喩於義(군자유어의), 小人喩於利(소인유어리)。"

《논어》, 〈이인〉 편에서

　　학교를 졸업하고 사회생활을 하며 수많은 사람을 만나게 된
다. 이 관계들을 통해 누군가에게는 기대하고 누군가에게는 실
망을 하다 보면 어느 정도 '안목'이라는 것이 생긴다. 적어도 이
사람이 진실한 사람인지, 아니면 자신의 이익만 추구하는 '소
인'인지 구분할 수 있는 눈이 생기는 것이다. 만약 나이를 먹어
서도 그 차이를 구분하지 못 한다면 참으로 안타까운 일이다.

　　예전이나 지금이나 자기 관리도 잘하고, 다른 사람을 위해
서 최선을 다하는 사람을 만나기도 한다. 그들은 당장의 이익
을 바라기보다는 선한 영향력을 행사한다. 우리는 이런 사람

을 '대인배'라고 부른다. 살면서 이러한 대인배를 만나는 것은 행운이다. 반면, 주변에 이익만 추구하는 무리가 있다면 내 인간관계를 돌아볼 일이다. 친구는 나를 비추는 거울이라는 말도 있듯, 결국은 내가 이익만을 추구했기에 주변에 그런 사람들만 가득해진 것일 수도 있다.

예전에 인간관계도 좋고 성격도 털털한 지인이 있었다. 겉보기에는 분명히 마음이 넓은 사람이었다. 그런데 시간이 지날수록 한 가지 특징이 보였다. 바로 어떠한 일이든 순수한 의도로 베풀 때가 없다는 것이다. 철저하게 '기브 앤 테이크'였다. 그래서 이 사람과 대화할 때는 늘 찜찜한 마음이 들었다. 무언가 요청을 해도 바로 나에게 대가를 요구했다. 점차 이 사람을 피하게 되었고, 지금은 더 이상 연락을 하지 않게 되었다.

이에 반해서 주변에 아무런 대가 없이 베푸는 사람도 있다. 그들은 자신이 가진 지식과 지혜를 마음껏 나눈다. 그들에게 이런 선한 혜택을 받은 사람은 그 마음에 공명해 자신의 지식과 지혜를 또 다른 사람에게 나눈다. 사회에 '선의 선순환'이 일어나는 것이다.

이렇게 우리 주변에는 군자와 소인이 동시에 존재한다. 이 모두가 모여 사회를 이룬다.

군자의
진정한 의미

《논어》에는 '군자'라는 용어가 107번이나 등장한다. 공자는 그만큼 군자를 강조했다. 군자는 당시 지위가 높은 남자를 뜻하는 용어였지만, 공자는 이를 '덕(德)'으로 바꾸었다. 공자가 말하는 군자는 자신의 인격을 완성하기 위해서 끊임없이 노력하는 사람이다. 또한, 인과 예를 바탕으로 자신을 수련하면서 임금과 백성, 나라의 안녕을 위해서 최선을 다한다. 부모에게 효를 다하는 것은 기본이다.

공자는 《논어》의 첫 번째 편 〈학이〉에서 '군자란 다른 사람이 알아주지 않아도 화를 내지 않는 것'이라고 말한다. 즉, 나의 덕을 실천하면서 그것이 널리 알려지지 않더라도 묵묵히 자신의 길을 가는 것이다. 그것은 공자의 삶과도 일치한다.

공자는 자신이 주장하던 인과 덕의 정치가 널리 받아들여지지 않더라도 자신의 가르침을 널리 알리고자 했다. 그랬기에 수많은 제자를 별다른 조건 없이 받아서 힘과 에너지를 쏟아부었다. 적어도 공자가 제자들 덕에 부자가 되었다는 말은 없었으니, 이득을 취한 것은 아니다.

소인은 군자와 반대의 길을 간다. 공자는 소인에 대해서도 많이 논한다. 소인은 편을 들고 두루 사귀지 않는다고 했고, 곤란하면 무슨 짓이든 한다고 했다. 그 외에도 소인에 대한 표현은 많다. '군자가 중요시하는 것은 덕이고, 소인은 재산을 중요시한다(이인 편 제11장)', '군자는 마음이 평정하고 여유가 있으며, 반면 소인은 늘 근심한다(술이 편 제36장)' 등이 있다.

물론 현대사회에서 군자와 같이 이상적인 삶을 살기는 어렵다. 자신의 이익을 희생하면서 남을 위하는 것은 나를 위해서나 가족을 위해서도 바람직하지 않기 때문이다. 적당한 이윤을 추구하는 것은 인간의 당연한 심리이고, 그것이 또 하나의 동기 유발이 되기도 한다.

다만, 나의 마음이 의(義)에 기반을 둔 것인지, 아니면 단순히 이익에 기반을 둔 것인지 생각해 보아야 한다. 그 마음가짐이 결국 말과 행동으로 드러나기 때문이다. 사람들은 상대방이 소인인지 군자인지 금세 눈치 챈다.

젊었을 때는 모르겠지만, 나이가 들면서 소인의 곁에는 이익을 추구하는 집단만이 남는다. 한평생 부와 명성을 추구하고 결국 남는 것은 무엇인가? 적어도 가족이라도 인정해 주면 모르겠지만, 만약 가족마저도 외면한다면? 무엇을 위해서 이 세상에 태어난 것일까? 저승에 들고 갈 것은 아무것도 없는데 말이다. 나의 육신조차 오직 한줌의 재로 남을 뿐이다. 적어도 살아생전에 세상을 조금이라도 아름답게 만들면 어떨까?

소인과 군자의 두 가지 길이
바로 눈앞에 있다면
어떤 길을 택해야 할지는 명확하다.

장자가 해골과 대화하며 깨달은 것

《경행록》에서 이른다.
"만족할 줄 알면 즐거울 것이고, 탐욕에 힘쓰면 근심하게 된다."

景行錄云(경행록운),
"知足可樂(지족가락), 務貪則憂(무탐즉우)。"

《명심보감》, 〈안분〉 편에서

고전을 읽다 보면 선인들은 공통된 메시지를 전달한다. 적당히 만족할 줄 알고, 부와 명예에 너무 집착하지 말며, 자신이 믿는 가치를 위해서 최선을 다하라는 것이다. 특히 공자, 노자, 맹자, 장자 등 대표 사상가는 각각의 저서를 남기며 후대에 이러한 뜻을 전달했다.

공자는 인과 예의 정신을 바탕으로 '중용(中庸)의 도'를 설파했다. 노자는 '최고의 선은 물'이라고 하면서 권력을 탐하지 말고, 물과 같이 자연스럽게 아래로 흘러야 한다고 말했다. 맹자는 어떠한 것에도 흔들리지 않는 '부동심(不動心)'과 정당하고 떳떳한 자세인 '호연지기(浩然之氣)'를 강조했다. 장자는 그야 말로 해학과 풍자를 바탕으로 자유로운 삶을 주장했다.

장자가 주장하는
자유로운 삶

《장자》에는 해학과 풍자가 가득한데, 대표로 제18편 〈지락〉을 보면 다음과 같은 이야기가 등장한다. 어느 날 장자가 초나라로 가다가 빈 해골을 발견했다. 깡마르고 마른 해골은 형체만 있을 뿐이었다. 장자가 말채찍으로 해골을 치면서 이렇게 말했다.

"그대는 삶을 탐하다가 도리를 잃어 이렇게 된 것인가? 아니면 나라를 망친 일로 도끼로 처형을 당해 이렇게 된 것인가? (중략) 아니면 나이 때문에 이렇게 된 것인가?"

장자는 약간 미친 사람처럼 해골과 대화를 한 후 그 해골을 베고 잠들었다. 그런데 해골이 꿈에 나타났다.

"죽으면 군주도 없고 신하도 없고 사계절도 없고 자유롭고 편안하게 머무르니, 왕의 즐거움도 이를 넘어설 수 없네."

죽음 앞에 섰을 때 어떤 삶이었다고 말하겠습니까?

"만약 그대의 몸을 살아나게 하고 뼈와 살과 피부를 만들어 부모와 처자식과 친구들에게 돌아가게 한다면 그렇겠는가?"

"내가 어찌 (저승에서) 왕 노릇 하는 즐거움을 버리고 다시 속세의 고통을 갖겠는가?"

물론 이는 장자가 지어낸 이야기일 것이다. 원효 대사가 해골에 담긴 물을 시원하게 마신 다음날 해골바가지임을 알고 큰 깨달음을 얻은 것처럼, 장자도 해골을 통해서 삶의 지혜를 가르치고 싶었던 것이다.

아무리 떵떵거리고 부와 권력을 누리더라도 결국 해골로 돌아가는 것이 인생이고, 저승에는 어떠한 희로애락도 없이 온전히 자유롭게 머물기 때문에 진정한 천국이라는 것이다.

평생 모방적 욕망에
쫓기는 삶

《경행록》은 중국 송나라 때 지어진 것으로 알려진 책이지만, 현재는 전해지지 않는다. 다만 이 책의 많은 말씀이 《명심보감》에 수록되어 있다. 약 천 년 전부터 내려오는 지혜인 것이다. 여기에서 '지족가락(知足可樂) 무탐즉우(務貪則憂)'는 만족힐 줄 알면 즐거울 수 있고 탐욕에 힘쓰면 근심하게 된다는 의미다.

과연 우리는 만족하며 살고 있는가? 끊임없이 탐욕에 빠져 있는 것은 아닌가? 우리는 무엇 때문에 현재에 만족하지 못하는 것일까?

생각해 보면 결국 수많은 인풋(input) 때문이다. 인풋은 우리가 눈으로 보고 관계에서 느끼는 것들이다. 멋진 차를 보면 소유하고 싶고, 주변에 부자인 친구가 있다면 그처럼 생활하고 싶을 것이다. 그런데 이렇게 욕망만을 탐하며 사는 것이 과연 행복할 것인가? 지금 당장은 그 욕망이 충족되면 행복하겠지만, 결국 더 큰 욕망에 사로잡히게 될 것이다. 죽을 때까지 욕망으로부터 자유로울 수 없는 것이다.

프랑스계 미국 철학자 르네 지라르(Rene Girard)는 이를 '모방적 욕망'이라고 말했다. 결국 우리는 타인이나 외부에서 받는 인풋으로 욕망을 키운다. 그 욕망을 어느 정도 통제할 수 있다면 다행이지만, 그렇지 않은 경우가 태반이기에 문제가 된다. 평생 욕망에 쫓기기만 하다가 '해골' 또는 '재'로 돌아갈 것이다. 이렇게 되면 우리는 평생 무엇을 추구한 것인가?

더 늦기 전에 다시 한번 나 자신을 돌아볼 때다. 내가 가진 것, 그리고 앞으로 추구할 것이 무엇인지 말이다. 외부의 자극으로부터 완전히 벗어날 수는 없지만, "이것이 정말로 내가 원하는 삶인가?"라고 진지하게 질문해 본다면 적어도 인생의 과

속방지턱 정도의 역할은 되지 않을까? 그리지 못하면 차라리
장자의 해골 친구처럼 저승의 삶이 더 나을지도 모른다.

"공수래 공수거"
빈손으로 왔다, 빈손으로 가는 것이
인생의 진리이다.

네 번째 질문

지금
내 곁에는
무엇이 남았는가?

가장 귀한 것을 남기는 법

성공한 사람이 아니라
가치 있는 사람이 되려고 힘써라.

알버트 아인슈타인 Albert Einstein

몽테뉴가 성공한 삶을
버리고 택한 것

매력적인 소리로 자랑스러운 인간을 매혹시키고,
너무나 공정하게 보이는 명성은 숨 쉴 때마다 사라지는
메아리, 꿈, 아니 꿈의 그림자에 불과합니다.

Fame, which with alluring sound charms proud mortals,
and appears so fair, is but an echo, a dream, a nay, the shadow of a dream,
which at every breath vanishes and dissolves.

몽테뉴, 《수상록》에서

우연히 라디오에서 시한부로 투병 중이던 한 노교수의 이야
기를 들었다. 그는 학계의 유명 인사였고, 수많은 수상 기록을
자랑했다. 하지만 말년에 암에 걸려 힘들게 투병하고 있었다.
가족들과 제자들은 그 모습을 안타깝게 바라봤다.

어느 날, 노교수는 갑자기 가족들에게 그동안 받았던 상장과
상패를 가져오라고 했다. 그리고 모두 미련 없이 태워버렸다.
죽으면 다 부질없다는 이유였다. 대부분 사람에게는 이런 기념
품들이 의미가 있겠지만, 그에게는 그렇지 않았던 모양이다.

인간은 다양한 이유로 서로의 업적을 기념하고 치하한다. 졸

업 상장, 모범상, 우수상, 최우수상, 각종 자격증, 학위증 등등
의 결과물들은 인생을 사는 강한 동기가 된다. 많은 이에게 강
력한 기억으로 남기도 한다.

《순간의 힘》의 저자는 이를 두고 '교감의 효과'라고 했다. 다
른 이들과 함께 그 순간을 공유하기 때문에 의미가 있다는 것
이다. 만약 무인도에 혼자 산다면 수많은 트로피, 상장, 자격증
이 무슨 의미란 말인가?

좋은 추억으로 남는 기억들은 의미가 있지만, 삶의 끝자락으
로 갈수록 그다지 중요한 것이 아님을 알게 된다. 지금 당장 내
가 신체적, 정신적으로 건강하지 않다면 어떤 의미가 있을까?
그냥 쇠나 나무, 유리로 이루어진 물건이자 한낱 종이일 뿐이
다. 만약 건강과 명예를 서로 맞바꿀 수 있다면 무엇을 선택할
것인가?

문득 대학 시절의 교수님이 떠오른다. 그는 그 분야에서 유
명한 전문가였고, 책도 많이 출간했다. 수많은 학생이 그의 교
재를 보면서 수업을 받았다. 하지만 그 교수님은 학생들에게
유독 엄격하고 각박했다. 무서워서 수업 시간에도 제대로 질문
하지 못할 정도였다.

시간이 지나고 학창시절이 점차 잊힐 무렵, 교수님이 돌아가
셨다는 연락을 받았다. 애도의 말은 표현했지만 사실 별 느낌
이 없었다. 그분은 수많은 업적을 남겼지만, '사람들에게는 어

떤 덕을 남겼을까?' 하는 생각이 들었다.

지금 우리에게
남은 것은 무엇인가?

세월이 흐른 후 나에 대한 수많은 기록들은 나를 증명한다. 그것들 덕분에 지금 이 자리까지 올 수 있었는지도 모른다. 나의 노력과 결실을 알릴 가장 좋은 수단이기 때문이다. 더 좋은 직장과 앞날을 보장할 수도 있다. 물론 그것이 절대적으로 비례하지는 않지만, 적어도 나에 대해서 스스로 입증하는 자료가 된다.

문제는 이 기록에 너무 집착하는 것이다. 우리 사회는 어느 학교, 어디 출신이라는 것을 유독 중요하게 여긴다. 누군가의 소개를 들을 때 어느 학교 출신, 석사, 박사 같은 말을 들으면 티나게 부러워한다. 칭찬을 받는 사람도 왠지 자랑스러운 기분을 느낀다.

하지만 그것이 지나치지 않도록 해야 한다. 《수상록》을 집필한 몽테뉴(Michel Eyquem de Montaigne)도 이런 마음을 경계해야 한다고 말했다. 그가 인용한 시에서는 '명성이라는 것은 사람을 매혹시키는 것이지만, 결국 사라지는 메아리, 꿈, 꿈의 그림자'라고 했다.

몽테뉴의 삶은 성공과 명성 그 자체였다. 그의 할아버지는 부를 일군 후 몽테뉴 성을 사들였고, 아버지 피에르는 가문의 명예를 높이기 위해서 여러 차례 군사 원정에 참여해서 귀족 칭호를 얻었다. 집안의 엄격한 훈육을 받은 몽테뉴 역시 24살에 이미 고등법원 법관이었다.

이후로도 승승장구하던 몽테뉴가 30살이 되던 해, 가장 친한 친구였던 라 보에시가 페스트로 세상을 떠난다. 35세에는 아버지가 신장 결석 발작으로 돌아가시고, 이어서 남동생이 정구를 치다가 공에 맞는 사고로 사망하고, 본인도 낙마 사고로 죽을 고비를 넘기게 되었다. 인생에 회의를 느낀 몽테뉴는 37세에 은퇴를 선언한다. 그리고 몽테뉴 성에 칩거하며 《수상록》을 집필했다. 무려 10년 동안 은거하면서 말이다.

몽테뉴는 자신의 인생을 되돌아보면서 교훈을 얻고자 했다. 비단 영광과 명성뿐만 아니라, 욕망, 대화, 결혼, 사랑, 질병, 정치, 여행, 죽음 등 그 내용은 방대하다. 15세에 대학교에 입학해 법을 전공하고 은퇴하기까지 20여 년간 법조계에 있으면서 수많은 군상들을 지켜봤을 것이다. 그러면서 누구보다도 '무엇이 진정으로 소중한지' 치열하게 고민했다.

복귀한 뒤 몽테뉴는 보르도 시장이 되었고 정치 활동을 이어갔다. 그러다가 페스트가 들이닥치자 가족들과 함께 피난길에 올라야 했다.

다양한 모습의 삶과 죽음 등을 직접 겪으면서, 몽테뉴의 삶에 대한 고찰은 더 깊어만 갔다. 특히 법조계, 정치계에서 명성을 얻었고 왕의 신뢰를 받았지만, 그는 결코 자만하지 않고 오히려 자신을 돌아보면서 어떻게 살아야할지 고민했다. 결국 명성의 중요성을 인정했지만, 과하게 집착하면 오직 명성만을 위해서 애쓰게 된다는 병폐를 지적했다.

세상에는 이름과 사물이 있고, 이름은 사물을 지적하고, 의미를 주는 소리이지만 사물의 실체는 아니라고 말했다. 한마디로 이름은 공허한 울림이 될 수 있다는 것이다. 그는 이러한 영광과 명예는 인간이 아닌 신(神)에게만 속하는 것이라고 강조했다. 그만큼 인간은 겸허해야 한다는 의미다.

평생 인간으로서 어떻게 살아야 할지 스스로 질문한 몽테뉴의 삶을 돌아보고 그의 책을 읽으면서 우리도 삶과 죽음을 어떻게 바라봐야 할지, 그리고 진정으로 우리가 남겨야 할 것이 무엇인지 고민해야 되지 않을까 싶다.

몽테뉴가 말했듯이 우리가 알고 있는 것은 무엇인가? 그리고 진정 남겨야 할 것은 무엇인가?

나에게 진정으로 남는 것과
그렇지 않은 것을
구분해야 한다.

"이 모든 것은 현명하지 않습니다"

그 어떤 물러섬도 자신의 마음속보다
더 조용하고 편안할 수 없습니다.

No retreat offers someone more quiet and relaxation
than that into his own mind.

마르쿠스 아우렐리우스, 《명상록》에서

《패밀리맨》이라는 영화가 있다. 주인공 잭은 명문 대학을 졸업한 뒤 1년간 영국으로 인턴을 떠나며 연인인 케이트와 아쉬운 이별을 한다. 그때 케이트는 이렇게 헤어지면 다시는 만나지 못할 것 같은 느낌에 그의 출국을 만류한다. 잭은 고작 1년이라고 말하며 연인을 안심시켰지만, 불길한 예감대로 그들은 헤어지고 각자의 삶을 살게 된다.

10여 년이 지난 후 잭은 뉴욕 투자 회사의 성공한 사장이 되고, 케이트도 변호사로 바쁘게 살아간다. 각자의 삶에서 성공했지만, 이들은 가정을 이루지 못하고 일에만 쫓겨 산다. 어느 날 잭은 부랑자의 모습을 한 천사를 도와주고, 그 보답으로 과거에 선택하지 않았던 또 다른 삶을 살게 된다. 그 삶은 바로 케이트와 헤어지지 않고 평범하게 가정을 이루고 사는 삶이다. 처음에는 모든 것이 낯설었지만, 가족 간의 유대 관계를 통해서 진정한 사랑과 행복이 무엇인지 깨닫게 된다.

무엇을 위해서 사는가?

이 영화는 바쁘게 사는 현대인에게 잔잔한 감동을 준다. 우리에게 진정으로 소중한 것이 무엇인지 돌아보게 한다. 물론 일보다 가족이 무조건 우선이라고 정의할 수는 없다. 어떤 사람은 일함으로써 얻는 성취감으로 인생의 의미를 찾기도 한다.

그러나 잭처럼 뉴욕 맨해튼의 넓은 집에서 화려한 삶을 산다고 해도 마음에 진정한 평온을 느끼지 못한다면 성공한 삶일까? 심지어 그는 크리스마스 이브를 함께 보낼 사람도 없었다. 천사가 잭에게 새로운 과거를 준 것은 그의 공허한 삶을 느꼈기 때문이리라.

바쁘고 정신없이 지낼 때는 깨닫지 못하다가, 막상 혼자가 되거나 정신적, 육체적으로 힘들 때는 삶을 한번 돌아보게 된다. 그 시기는 보통 인생의 최전성기이거나, 또는 후반기로 들어서면서일 것이다. 우리는 많은 것을 희생하면서 막연하게 행복해질 수 있다는 기대, 또는 부를 얻을 수 있다는 희망으로 산다. 그럼 이것들을 제외하면 도대체 무엇을 위해서 사는 것일까?

답은 마음속에서 찾아야 한다

마르쿠스는 《명상록》에서 '사람들은 시골, 바닷가, 언덕 들에서 자신을 위한 은신처를 찾고 싶은 열망에 빠지기 쉽습니다. 하지만 이 모든 것은 현명하지 않습니다'라고 말했다. 아무리 외부에서 휴식을 취해도 마음속에서 찾는 것보다 즉각적이지 않고, 현명하지 않다는 말이다. 이 현명한 철학자 황제는 '마음속에서 평화를 얻을 것'을 주문했다.

《패밀리맨》의 잭도 직장에서 인정받고, 부를 축적하면서 자신이 성공했다고 믿었다. 하지만 그것은 결국 외부에서 행복을 찾은 경우다. 만약 늙고 병들어 힘들어졌을 때 가족이나 친한 친구 하나 없이 혼자서 죽어가고 있다면 이렇게 쌓아 둔 물질적인 것이 의미가 있을까? 좀 더 좋은 병원과 요양시설에서 머물 수는 있겠지만, 그것으로 마음의 평화와 행복을 찾을 수는 없을 것이다.

또 다른 인생은 지극히 평범하고 아이들과의 전쟁으로 정신

없는 나날이었지만, 그는 매일 웃었다. 이렇게 소박한 행복이 나 자신을 제대로 바라보게 하는 게 아닐까?

인생도 이와 같다. 우리가 언제까지 외부에서 행복과 평안을 찾을 수 있을까? 더 좋은 휴양지, 아파트, 장소가 아니라 지금 당장 내 가족, 내 안에 집중해야 되지 않을까? 지금 이 순간 나의 마음을 한번 들여다보자. 외부적인 것에서 평온과 행복을 찾으려는 갈망이 결국 허무하다는 사실은, 꼭 죽음 앞에 서지 않아도 시간이 지나면서 알게 될 것이다.

인생의 진정한 행복이
외부와 내면 중 어디에 있는지
치열하게 고민하라.

맹자가 세상의 근본이
'나'에게 있다고 말한 이유

맹자왈,
"천하의 근본은 나라에 있고, 나라의 근본은 집안에 있으며,
집안의 근본은 자신에게 있다."

孟子曰(맹자왈),
"天下之本在國(천하지본재국), 國之本在家(국지본재가),
家之本在身(가지본재신)."

《맹자》, 〈이루〉 편에서

스마트폰에 빠져 아이를 신경 쓰지 않는 아버지가 있다. 그는 스마트폰 화면에 시선을 고정한 채 기계적으로 아이에게 밥을 먹인다. 아이의 귀여운 모습은 쳐다보지도 않은 채 말이다. 다음 숟갈을 먹이려다 보니 어느새 아이가 반항기 가득한 청소년으로 훌쩍 성장했다. 아버지는 다소 놀란 표정을 짓는다.

이어서 아버지는 나이가 들고 자식은 성년이 되었다. 아버지가 대화를 나누려고 하나, 이번에는 자식이 스마트폰만 쳐다본다. 어느 날 자식이 문득 아버지를 보니, 이미 아버지는 할아버지가 되어 있다. 스마트폰에 빠져 지금 현재의 행복을 온전히

누리지 못하는 실수를 꼬집는 어느 광고의 내용이다. 그런데 이 광고조차 결국 스마트폰으로 보는 것이 현실이다.

넷플릭스의 창업자인 리드 헤이스팅스(Reed Hastings)는 넷플릭스의 경쟁 상대는 인간의 '수면 시간'이라고 했다. 잠을 자는 것도 잊을 만큼 우리가 온라인 콘텐츠에 중독되어 있다는 뜻이다.

온라인 콘텐츠에 노출되는 시간을 줄여야 하는 것은 당연하지만, 더 중요한 것은 우리가 많은 여가 시간을 보내는 온라인 공간에 '가족'이 없다는 것이다. 온라인을 통해 재미있는 것을 보며 휴식 시간을 갖는다 해도, 그 시간이 나에게 행복을 보장하지는 않는다. 오히려 잠을 덜 자게 되어 피곤하고, 가족에게도 짜증을 내기 십상이다.

국가의 근본이
가정과 나 자신인 이유

맹자가 국가의 근본은 가정이고, 가정의 근본은 나 자신(身)이라고 한 것이 바로 이와 같다. 사서 중 하나인 《대학(大學)》에 '수신제가 치국평천하(修身齊家 治國平天下)'라는 말이 나온 것도 같은 이유다. 나라가 평온하려면 우선 나 자신을 바로 세워야 한다. 그래야 가족이 평온하고, 나라도 평안해진다. 마찬가지로, 가족과 나라가 평온해야 나도 평온해진다고 해석할 수도 있다.

나를 바로 세운다는 것은 어떤 것일까? 공부를 하고 교양을 쌓으면서, 몸과 마음을 수양하라는 의미다. 삶의 가치관을 바로 세우면 인생은 보다 풍족해지고 가족에게도 더 많은 신경을 쓸 수 있다. 하지만 나의 정신이 다른 곳에 매몰된다면 나도 길을 잃고 가족도 길을 잃는다.

나의 가치관이 오직 부와 명예라면 가족에게 소홀하게 된다. 만약 목표를 달성한다 하더라도 가족이 행복해할지 알 수 없고, 나 역시 마찬가지다. 실제로 사회적으로 성공한 인사들을 보면 가족에게 소홀한 경우가 많다. 그러한 사람들이 국가의 정책을 결정하는 자리에 있다면 각 가정에서 겪는 어려움을 진심으로 공감할 수 있을까?

당연하지만, 만사 제치고 가정에만 신경을 써야 한다는 말은 아니다. 무엇이든 과하면 부작용을 낳는 법이다. 만약 나를 희생하면서 가정을 위했다고 한다면 억울한 마음이 들 수도 있을 것이다. 겉으로는 아니라고 하겠지만, 속으로 섭섭한 마음이 들기 시작하면 가족에게 더 많은 것을 요구하게 된다. 그러다 보면 가족 간에도 서로 부담스러워지고, 자연스럽게 멀어질 수밖에 없다.

우선 나의 행복을 우선해야 한다. 다만 그 행복은 오직 나만

을 위한 이기적인 것이 아니어야 한다. 나를 충전하고, 그 충전
된 힘을 남은 가족에게 베풀기 위함이다.

길지 않은 인생을
충만하게 산다는 것

누차 말했듯 우리의 삶은 길지 않다. 그러므로 주어진 시간
을 충실하게 사용해야 한다. 가족을 위해서라며 무리하게 일하
고, 그다음엔 피곤하다며 나만의 시간에 빠진다면 나에게도 소
홀하고 가족에게도 소홀하게 된다. 두 마리 토끼를 다 놓치는
것이다.

애초에 나와 가족의 안녕과 행복을 위해서 시작한 일인데 피
로만 가중되고, 그 피로를 풀기 위해서 역으로 가족에게 소홀
해진다면 어떻겠는가? 진정한 가정의 일원으로 받아들여질 수
있을까? 그것은 나아가 나라의 평온과도 직결된다.

인간의 수명은 길지 않지만, 나의 수명이 끝나더라도 가족은
유지되고, 가족이 유지되면 국가의 수명도 연장된다. 이러한
삶의 연속성을 생각하고 인생을 산다면, 색다른 관점으로 세상
을 살게 될 것이다.

내가 행복해야 가족이 행복하고,
가족이 행복해야 나라가 행복하다.

'탈무드'와 '채근담'이
공통으로 전하는 교훈

상인들이 조롱하듯 물었다.
"당신의 상품은 어디에 있습니까? 아무것도 가진 게 없어 보입니다."
읽던 두루마리에서 시선을 뗀 학자가 대답했습니다.
"오, 내 상품은 당신의 것보다 훨씬 훌륭합니다."

"Where is your merchandise," they asked mockingly.
"We don't see that you have anything with you."
"Oh," replied the scholar looking up from the scroll he was examining,
"My product is far greater than yours."

《탈무드》에서

《탈무드》에는 이런 유명한 이야기가 있다. 어느 상선이 상인들을 태우고 바다를 건너고 있었다. 상인들은 서로 자신이 모은 부를 뽐냈다. 그중 한 상인이 같이 탑승한 학자에게 "당신은 무슨 물건을 팔고 다니시오?"라며 조롱하듯 물었다. 그러자 학자는 "저는 이 세상에서 가장 귀중한 것을 팝니다"라고 답한다. 겉모습을 보아하니 전혀 그렇게 보이지 않았기 때문에 상인은 학자가 잠든 사이에 짐을 풀어 보았다. 그런데 짐에는 아무것도 없었다. 상인은 학자가 거짓말을 했다고 여겼다.

그들을 실은 배는 항해 도중 풍랑을 만나 전복되고, 상인들은 신고 있던 모든 재물을 잃게 된다. 그러나 학자는 새로 성박한 마을에서 자신이 지닌 '지식'을 이용하여 학문을 가르쳤는데, 기존의 어느 학자보다도 훌륭했다. 상인들은 그제야 학자가 가진 가장 귀중한 것이 무엇인지 알게 되었다. 그것은 사라지지 않는 '지혜'와 '지식'이었다.

영원히 남는
유산

우리는 살면서 나 자신을 포함해 수많은 사람의 흥망성쇠를 지켜본다. 어떤 사람은 '부'를 일구어 다른 사람의 부러움을 사기도 하고, 어떤 사람은 누구보다도 높은 명성을 얻어서 존경을 받는다. 그러나 부와 명예는 얼마나 지속될지 모른다. 때로는 너무나 쉽게 사라지기도 한다. 부와 명예를 유지하더라도, 결국 세상에 남길 수 있는 건 그저 이름뿐이다.

허무주의를 이야기하기보다는 단지 영원한 것이 없다는 사실을 다시 한번 짚고자 한다. 변화무쌍한 세상에서 그나마 유지되는 것은 우리의 '정신적 유산'이다. 정신적 유산은 나뿐만 아니라 대대손손 물려질 수 있기 때문이다.

과학자가 발견한 업적은 후대로 이어지면서 새로운 발견을 돕고, 인류의 발전에 기여한다. 스티브 잡스가 개발한 아이폰,

일론 머스크가 대중화한 전기 자동차, 제프 베이조스가 만든 거대한 물류 시스템 등과 같은 유산은 대대손손 물려진다.

이렇게 커다랗고 위대한 유산을 남기라고 말하려는 것은 아니다. 이를 계기로 내가 가진 자산이 무엇인지 돌아보자. 자신이 하찮다고 여기는 것이라도 누군가에게는 도움이 될 수 있다. 물질적인 도움뿐만 아니라 사회생활, 가정생활을 하면서 깨달은 지혜가 바로 그것이다.

이런 자산은 다른 가족원에게 물려줄 수 있고, 친구와 지인들에게도 나눌 수 있다. 나누면 나누는 만큼 다른 누군가는 혜택을 볼 것이다. 그런 마음으로 자신이 가진 무형의 자산을 돌아보고, 그것을 유산으로 남길 방법을 생각해 보자. 이를 위해 스스로 더 공부하고, 지혜와 덕을 키워야 한다. 단지 아는 것에 그치지 않고, 어떻게 더 잘 전달하여 다른 이에게 도움을 줄 수 있을지 고민할 필요가 있다.

《채근담(菜根譚)》에는 사람이 죽은 뒤에 자신의 은혜와 덕이 오랫동안 흐르게 하여 사람들에게 그 끝이 없음을 알게 해야 한다는 말이 나온다. 물질적인 것은 사라지지만, 정신은 그렇지 않다는 말이다. 고대로부터 내려온 철학이 대표적인 예다.

소크라테스, 아리스토텔레스, 공자, 노자, 장자, 맹자, 마르쿠스 아우렐리우스, 키케로, 니체, 에픽테토스 등 셀 수 없는 철학자들의 유산 덕분에 인류는 삶에 대해서 더 고민하고 고찰하려고 노력한다. 그 은혜와 덕은 아직도 흐르고, 인류가 존재하는 한 영원할 것이다.

　대부분 사람은 이런 고민 없이 살다 삶의 마지막에서야 인생을 회고하면서 후회한다. 지금이라도 생각해 보자. 내가 남길 수 있는, 그리고 남겨야 할 자산은 과연 무엇일까? 거창하게 생각할 것은 없다. 만약 단 하나의 교훈이나 문장을 후세에 남길 수 있다면 무엇을 남기고 싶은가?

기꺼이 남에게
나눌 수 있는
지혜와 덕을 키워라.

아리스토텔레스는 왜
노년을 비판했을까?

굶주리면 아부하고, 배가 부르면 떠나고,
따뜻하면 몰려들고, 추워지면 떠나 버리는 것이
인간 정서의 공통적인 근심이다.

饑則附(기즉부), 飽則颺(포즉양),
燠則趨(욱즉추), 寒則棄(한즉기),
人情通患也(인정통환야)。

《채근담》에서

나이가 들수록 예전 상사들의 신상에 일어나는 커다란 변화를 자주 듣는다. 나보다 많게는 수십 년간 업계에서 활약했지만, 육십 대 전후에 접어들면 후배들에게 바통을 물려주고 은퇴하게 된다. 그러면서 인간사를 다시 한번 생각하게 된다.

어떤 선배들은 업계를 떠나더라도 여전히 후배들의 지지를 받고 같이 어울린다. 하지만 반대의 경우도 있다. 그동안 덕을 쌓지 못해서인지 아무도 관심이 없다. 물론 억지로 모임을 만들어서 후배를 부른다면 '울면서 겨자 먹기'로 나가야겠지만 말이다.

400여 년의 지혜를 담은 《채근담》에서도 이러한 인간의 세태를 비판했다. 마치 불나방이 불빛에 몰려드는 것처럼, 권력이 있는 사람에게는 온갖 종류의 사람들이 몰리기 마련이라는 것이다. 회사라면 보통 윗사람이 인사 결정권 등을 가지고 나의 진퇴를 결정할 수 있으니, 그 권력을 무시할 수 없다. 이런 이해관계로 엮인 것이 인간사회다. 이해관계를 떠나서 누군가를 진심으로 존경하여 인연의 끈이 이어지는 경우도 있지만 흔하지 않은 경우이다.

노인이 된다는 것은 어떤 의미인가?

아리스토텔레스는 《수사학》에서 노년을 꽤 냉정하게 이야기했다. 노년이 되면 일단 경제적으로 힘이 없고, 겁이 많아지기 때문에 새로운 것에 도전하는 것도 꺼린다고 한다. 오히려 희망보다는 과거의 추억으로 사는 것이 노인의 삶이다. 그것이 바로 노인이 되면 말이 많아지는 이유다.

결국 남은 인생을 편하게 살기 위해서 자신을 더 생각하게 되고, 이해득실을 따진다고 한다. 특히 죽음이 가까울수록 자기에게 없는 것을 가지고자 하는 욕망도 생긴다. 이렇게 나이가 들면서 베푸는 것을 꺼리게 되면 후배들은 더욱 이들을 멀리할 수밖에 없다.

아리스토텔레스가 말한 부분은 이해가 되고, 또한 대부분 벌어지고 있는 현상이다. 하지만 모두가 반드시 그렇지만은 않다. 이런 대세를 거슬러 행동하는 사람도 있기 때문이다. 이들은 새로운 도전에 주저하지 않고, 미래에 희망이 있다.

노년에도 젊은 시절처럼 보내기 위해서는 중장년일 때부터 남들과 다른 마음가짐을 가져야 한다. 평소 마음을 인색하게 쓰다가 노년이 되어서 갑자기 관대한 사람이 될 수는 없기 때문이다. 사실 이 고대의 철학자도 장년에 대해서는 꽤 객관적인 관점을 유지한다. 즉, 장년은 "과도하게 자신만만해하지 않고, 지나치게 겁을 먹지 않고, 오직 자기 이득만을 위해서 살아가지 않는다"라고 정의했다. 다만 이러한 태도가 노인이 되어서 바뀔 수 있기 때문에 경계해야 할 일이다.

운을
모으는 사람

어떤 노년을 살지는 온전히 본인이 결정할 일이다. 내가 가진 것을 잘 지키고, 자식들한테 적당한 재산을 물려주고, 편안하게 현재 삶에 만족하면서 살면 된다. 하지만 그러한 인생을 끝으로 세상을 떠난다는 것은 안타까운 일이다. 공자나 소크라테스처럼 위대한 성인은 아니더라도, 내가 세상에 무잇을 남기고 갈지 한번 생각해 보는 시간을 가져 보면 좋겠다.

오직 나만 잘 먹고, 잘 살고, 가족이 그렇게만 된다면 만족할 수 있는가? 만약 그렇다면 그렇게 살면 된다. 하지만 좀 더 삶의 목적을 진지하게 생각한다면, 다른 식으로 생각해 볼 일이다.

조금이라도 남에게 베푼다면 어떨까? 꼭 자선활동이 아니더라도 내가 가진 무형의 재산을 남에게 나누는 것도 하나의 기부 행위다. 이런 활동으로 덕을 쌓고, 사람들로부터 지지를 얻을 수 있다. 그 지지가 또 다른 선한 행위를 불러일으키는 에너지가 되기도 한다.

예를 들어, 아파트나 마을 공동체에서 자신의 경험을 살려서 공헌할 수 있다. 오랜 사회 생활과 직장 생활의 노하우를 바탕으로 행정직에 출마하거나 다양한 단체에서 활동하는 방법과 같은 것이다. 요새는 도서관에 강연 시스템이 잘 되어 있고, 동네에서 전문가를 찾기도 한다. 하다 못해 아이들에게 책을 읽어주는 것도 좋은 봉사 활동이 될 수 있다. 얼마나 많은 부모들이 감사할 것인가?

아리스토텔레스가 냉정하게 지적했듯이 노년이 되면 아무래도 수동적이 되기 십상이다. 과거의 추억으로 살고 새로운 도전을 주저한다. 하지만 마음을 조금이라도 바꾼다면 내가 미치는 선한 영향력으로 도움을 받는 사람들이 생길 것이다. 그 사람은 공동체의 주민일 수도 있고, 자라나는 아이들이 될 수도 있다.

이들이 나중에 나를 롤모델로 삼아서 또다시 지역 사회에 공헌을 한다면 이것이 바로 선순환인 셈이고, '운'을 모으는 행위다. 운은 비단 나뿐만 아니라 세상 사람들 모두 마찬가지다. 운을 모으는 삶을 살다보면 권력에 따라서 사람들이 이합집산하는 것에 크게 괘념치 않게 될 것이다. 그냥 마음속에서 흘려보낼 수 있고, 새로운 인생을 살 수 있다.

과거의 굴레에 집착하지 않으면, 내가 베푸는 운을 통해서 적어도 나 자신의 영혼을 구할 수 있다. 이런 베풂이 내가 세상에 태어난 이유와 목적을 부여하기 때문이다. 베풀고, 운을 모아라. 그러면 노년의 삶은 더 충실해지고, 죽음을 맞이할 때도 좀 더 다른 마음가짐이 될 것이다.

남에게 주었기에
오히려
얻는 것이 있다.

'대학'이 강조하는
단 하나의 진리

부유함은 집을 윤택하게 하고, 덕은 몸을 윤택하게 한다.
마음이 넓고 몸이 편해지기 때문에 군자는 반드시 그 뜻을 성실하게 한다.

富潤屋(부윤옥), 德潤身(덕윤신)。
心廣體胖(심광체반) 故君子必誠其意(고군자필성기의)。

《대학》, 〈성의〉 편에서

우리는 어린 시절부터 도덕과 윤리를 배우면서, 어떻게 하면
인간으로서 사회에 잘 어울려 살아갈지 배운다. 배움으로써 덕
목이 쌓이고 사회적 인간으로 성장한다. 그런데 치열한 학창
시절을 보내고, 사회생활을 하면서 점차 중요한 것들을 잊고
만다. 그중에서 가장 중요한 것은 바로 '덕(德)'이 아닌가 싶다.
당장 나의 이익을 위해서 경쟁을 하다 보니 남을 생각하고 배
려하는 마음이 부족해지는 것도 사실이다.

덕은 공자와 제자들이 지속적으로 강조한 덕목이다. '수신제
가 지국평친하'라는 말로 유명한 《대학》은 공자의 제자 증자의

말을 제자들이 다시 기록한 것이다. 송나라의 유학자 주희는 《대학》, 《논어》, 《맹자(孟子)》, 《중용(中庸)》의 순으로 읽어야 한다고 말할 정도로 《대학》의 중요성을 강조했다.

《대학》 제6장 성의(誠意)의 뜻은 정성스럽게 한다는 의미이다. 이 중에서 증자는 덕을 강조했고, 덕이 있어야 마음이 넓고 몸이 편해지기 때문에 군자는 이 뜻을 반드시 성실하게 따르고 수행한다고 말했다.

진정한
'덕'의 의미

그렇다면 덕이란 무엇인가? 김형석 교수의 일화와 그의 철학에서 찾을 수 있다. 그는 《김형석의 인생문답》에서 이런 이야기를 했다. 과거 교수로 근무하면서 혼자 11명의 식구를 부양하느라 고생을 많이 했는데, 워낙 돈이 없다 보니 여러 군데 강의를 다니며 돈을 벌었다고 한다. 오죽하면 강연이 겹쳐서 어디를 갈지 고민할 때, 그의 아내가 "돈을 많이 주는 곳으로 가라"고 제안할 정도였다. 철학가의 아내는 악처가 될 수밖에 없다는 말은 이런 데서 나온 게 아닐까?(사실 우리 어머니도 철학가의 아내다)

하지만 그는 점차 돈을 목적으로 하지 않고, 일의 가치를 찾아서 강의를 하기 시작했다. 비록 강의료가 적더라도 더 보람을 느끼는 쪽으로 하겠다는 것이었다. 그렇게 강의하다 보니 두 가지 변화가 생겼다. 첫째는 일의 가치를 찾으니 일 자체가 즐겁고, 더 많은 일을 할 수 있었다. 둘째는 돈을 위해서 일을 할 때는 돈이 들어오면 끝이었으나, 일의 가치를 찾아서 일하니 일이 또 다른 일을 만들고 더 많은 일을 하게 되면서 오히려 수입이 더 올라가게 되었다고 밝혔다.

사실 대부분 사람은 돈을 목적으로 일하는 경우가 많다. 더 많은 돈을 주는 직업이나 직장을 찾고는 한다. 물론 나도 마찬가지이지만, 그것이 꼭 정답이라는 보장은 없다. 돈이 목적이 되면 늘 수입에 대해 더 많은 요구를 하게 되고, 수입이 생각보다 적으면 일에 대한 흥미도 떨어진다. 하지만 일의 가치를 찾으면 오히려 일에서 보람을 더 느끼고, 덜 지치게 된다.

'덕'은 나의 마음을
편안하게 만든다

증자는 '부(富)'는 집을 윤택하게 하지만, '덕'은 몸을 윤택하게 한다고 말했다. 물론 집과 몸이 모두 윤택하다면 일거양득이다. 하지만 사람들이 부를 쫓으면서 더 크고 비싼 집으로 이사를 갈수록 자신의 몸과 마음도 같이 비례하여 윤택해지는지는 지켜볼 일이다. 오히려 부를 쫓으면서 가정에 소홀하고 나중에 나이가 들어서 몸과 마음의 건강을 망칠 확률이 더 높다.

지금 당장은 느끼지 못하겠지만, 인생의 경험과 지혜가 늘어날수록 더욱 그런 마음이 든다. 평생 부와 명예만 쫓다가 어느 순간 갑자기 쓰러져서 병상에 눕거나 별안간 세상을 떠나는 경우가 얼마나 많은가? 우리는 주변에서 그러한 경우를 너무 많이 지켜봤다. 그때 늘 허망한 마음이 들고는 한다. 도대체 무엇을 위해서 그렇게 열심히 살았던가?

결국 덕이라는 것은 베푸는 마음이다. 베풀고 나누면서 같이 성장하면 보다 큰 보람을 느낄 것이다. 혹시라도 불시에 갑자기 세상을 떠난다고 해도, 내가 남긴 덕은 어딘가에 남아있을 것이다. 그것은 주변의 어려운 사람이 될 수도 있고, 나의 가족에게 남긴 정신적, 정서적 유산이 될 수도 있다. 그렇기에 나의 인생 가치를 점검하고, 추구하는 바를 잘 생각해야 한다. 그리고 내가 추구하는 것에 정성을 다하는 삶, 그것이 군자의 삶이다.

공자는 덕에 관해 "덕불고 필유린(德不孤必有隣)"이라는 말을 남겼다. 덕이 있는 자는 외롭지 않으며, 반드시 이웃이 있다는 뜻이다. 나는 덕을 베풀고 있는가? 내가 베풀고 있는 덕이 무엇인가? 오늘 한번 되돌아보자.

덕이야말로
인생에 값어치를 더하는
기본 중의 기본이다.

"이제 그들의 삶은 사라졌습니다"

"이제 그들의 삶은 사라졌습니다. 사라졌습니다."

"Now that life of theirs is gone, vanished."

마르쿠스 아우렐리우스, 《명상록》에서

《명상록》에는 '이제 그들의 삶은 사라졌습니다'라는 구절이 있다. 여기서 언급한 '그들'은 로마 제9대 황제인 베스파시아누스(Titus Flavius Vespasianus)가 등극하기 이전까지의 시대를 일컫는다. 베스파시아누스는 제5대 황제였던 네로 이후 극도로 혼란스럽고 어지러웠던 정국을 안정화시키고 로마의 평화(팍스 로마)와 전성기를 동시에 열었다는 평가를 받는다.

마르쿠스가 이 시대를 언급한 것은 인간의 욕망과 인생의 허무함을 언급하기 위함이다. 사실 베스파시아누스는 그가 황제가 되기 전에 자신이 존경하던 사람을 잃었다. 고리대금업자

집안으로 다른 귀족들에 비해 비천했던 그를 밀어줬던 황제 칼리굴라가 암살된 것이었다. 이후 그는 클라우디우스, 네로뿐만 아니라 네로의 자살 이후 내란도 겪어야 했다. 그야말로 로마의 혼동기 속에서 살아남아 황제가 된 것이다.

결국 누군가는 음모를 꾸미고, 싸우고, 죽고, 다들 집정관과 왕권을 노렸지만, 이들은 모두 사라졌다. 그래서 "이제 그들의 삶은 사라졌습니다"라고 말할 수 있는 것이다. 그러면서 우리에게 이런 질문을 던진다.

"과연 '잘 사는 것'이란 무엇인가?"

마르쿠스 황제가 보인 인의 정신

마르쿠스는 잘 사는 것이 무엇인지 평생 고민했고, 스스로 행동함으로써 고민에 대한 결론이 옳음을 입증하려 했다. 그가 보인 업적 중 가장 큰 것은 바로 인(仁)의 정신이다. 마르쿠스에게 인은 사람을 사랑하는 행위였다. 그는 가족에 대한 사랑을 우선시했다.

사랑하는 아내와 열세 명의 자녀를 두었지만, 안타깝게도 그중 다섯 명을 제외하고는 모두 어린 나이에 세상을 떠나고 말았다. 비록 가족을 잃었지만, 마르쿠스는 살아남은 자식들을 잘 키우기 위해서 노력했다.

또한 모두의 예상을 뒤엎는 행동을 했다. 바로 자신과 더불어 양동생 루키우스 베루스(Lucius Aurelius Verus)와 공동 황제가 된 것이다. 그의 신하는 오히려 향후 위협이 될 수 있는 동생을 제거하는 편이 낫다고 했는데 말이다. 마르쿠스가 정치적인 목적을 위해 이렇게 행동했을 수도 있지만, 어쨌든 자신의 권력의 반을 동생에게 넘겨주기란 결코 쉽지 않았을 것이다. 이 또한 정국 안정과 더불어 가족을 향한 신뢰와 사랑이 바탕에 있었기 때문에 가능한 것이었으리라.

사실 두 형제의 성격은 판이하게 달랐다. 마르쿠스가 진중한 성격이었다면, 동생은 낙천적이고 자유분방했다. 이러한 차이에도 불구하고 두 형제는 서로를 신뢰하고, 동생도 형을 진심으로 사랑했다.

동료에 대한 애정을 보여 주는 사건도 있었다. 재위 말년, 시리아 속주 총독이었던 아비디우스 카시우스(Avidius Cassius)가 반란을 일으켰다. 가장 신뢰한 장군이었기 때문에 누구보다 배신감이 컸을 것이다. 하지만 마르쿠스는 이번에도 남들의 상상을 초월하는 조치를 취한다. 카시우스를 용서하고 동료로써 계속 남기로 결심한 것이다.

다른 부하가 카시우스를 살해함으로써 쿠데타는 종결되었지만, 마르쿠스는 그의 죽음을 진정으로 애통해하며 좋은 곳에 잘 묻어 주라고 했다.

마지막으로 백성에 대한 애정이다. 로마에서 전염병이 창궐했을 때, 마르쿠스는 끝까지 로마에 남아서 이들을 지켰다. 백성들도 당연히 황제에 대한 신뢰를 가질 수밖에 없었다.

철인황제는
인의 정신을 구현하는 사람

스토아학파의 대표적인 철학자 에픽테토스는 일상에서 인의 정신을 실천한 대표적인 사람이다. 많은 사상가가 지행일치(知行一致)를 제대로 실천하지 못했지만, 그는 일상에서 이를 실천하기 위해서 최선을 다했다. 소크라테스나 공자의 제자들이 스승의 말씀을 기록으로 남긴 것처럼 그의 제자 아리아노스는 《담화록(The Discourses)》을 남겼다.

에픽테토스의 어록 중에는 '작은 것부터 인을 실천해야 한다'는 말이 있다. 하인이 기름을 조금 흘리거나 와인을 도둑 맞더라도 거기에 너무 개의치 말라고 한다. 그것은 바로 지금 나의 평화와 평온(tranquility)을 위해서 지불된 대가라고 말이다. 만약 내가 사소한 일에도 화를 낸다면 마음속에서 평화가 사라진다. 그렇기에 마음을 다독이면서 평화를 찾으라고 조언한다. 공짜로 얻어지는 것은 아무것도 없기 때문이다. 마음의 평화와 평온도 나의 노력이 필요하다.

이뿐만이 아니다. 에픽테토스는 하인이 말을 잘 들어도 내가 원하는 대로 일까지 잘하지는 못할 수도 있다고 말했다. 그렇더라도 거기에 너무 개의치 말고, 동요하지 않는 마음도 필요하다고 강조한다.

고대의 철학자 플라톤은 이상 국가를 만들기 위해 철학자의 마음을 가진 '철인 황제'가 필요하다고 늘 주장했다. 그의 소망을 실현한 사람이 바로 마르쿠스 아우렐리우스다. 물론 그도 완벽한 사람은 아니었다. 그가 유일하게 실패한 것이 자식 농사라는 말이 있을 정도였다. 그가 세상을 떠날 당시 아들은 콤모두스(Commodus)뿐이었다.

당시 19세였던 콤모두스는 아버지보다 체력도 좋고, 철저하게 교육을 받은 준비된 황제였다. 하지만 누나이면서 장녀였던 루킬라(Lucilla)로부터 암살 위협을 받은 후부터 성격이 변했다. 네로에 버금가는, 아니 오히려 더한 면도 있는 폭군이 되어버린 것이다. 국정을 내팽개치고, 검투사 시합에만 관심을 두고, 도가 넘는 유흥을 즐겼다.

콤모두스가 처음부터 이랬던 것은 아니다. 아버지 정도는 아니더라도 현군이 될 수 있는 여지가 충분히 있었다. 하지만 그는 스스로 무너지고 말았다. 이런 역사를 돌이켜 볼 때, 결국 인의 정신을 실현하고 구현하려면 오랜 감내와 노력이 필요하다는 걸 알 수 있다.

진정한 인의 정신은 내가 세상을 떠난 후에도 빛을 발하는 것이다. 내가 남긴 사랑은 어떤 모습으로든 세상에 흔적으로 남게 된다. 사람들은 그 사랑을 기억하고, 혜택을 받기도 하고, 그들도 사랑을 남기기 위해서 노력한다. 이는 죽음 앞에서 나를 구원하고 남을 구원할 줄 아는 원동력이 된다.

이 세상에 마지막으로 남길 수 있는 것이 무엇인지 생각한다면 그렇게 살게 된다. 만약 사랑을 남기고 싶다면 타인을 사랑하면 되고, 이름을 남기고 싶다면 늘 자신의 인생을 가꾸게 될 것이다.

당신이 세상에
가장 마지막으로
남기고 싶은 것은 무엇인가?

장자가 나비인가,
나비가 장자인가

장주가 꿈에서 나비가 되었는데, 자기가 장주인 것을 알지 못했다.
얼마 있다가 꿈에서 깨어 보니 갑자기 장주가 되어 있었다.
알지 못하겠다. 장주의 꿈에 장주가 나비가 되었던가,
나비의 꿈에 나비가 장주가 된 것인가?

昔者莊周夢爲胡蝶(석자장주몽위호접) 栩栩然胡蝶也(허허연호접야),
自喩適志與(자유적지여) 不知周也(부지주야)。
俄然覺(아연교) 則蘧蘧然周也(즉거거연주야)。
不知周之夢爲胡蝶與(부지주지몽위호접여),
胡蝶之夢爲周與(호접지몽위주여)?

《장자》, 〈제물론〉 편에서

호접지몽(胡蝶之夢), 일명 나비의 꿈이라고 불리는 이 일화
는 장자의 대표적인 사상을 대변한다. 후대의 학자들은 이를
여러 가지로 해석한다. 많은 학자가 인생의 무상함을 나타내는
이야기라고 하지만, 사실 인생무상의 쓸쓸함보다는 장자의 놀
라움과 깨달음이 더 느껴지는 내용이다. 따라서 우리의 삶은
변화무쌍하니 보다 큰 시각으로 인생을 바라보라는 의미가 더
들어맞다고 생각한다.

일화의 마지막 문구에 '장주와 나비는 반드시 구별이 있으니,
이것을 만물의 변화'라는 말이 있다. 겉으로 보기에는 구분이

되지만, 장주가 나비가 될 수 있고 나비도 장주가 될 수 있으니 이를 물화(物化), 즉 사물의 변화라고 할 수 있다는 것이다.

우리는 대부분 각자의 역할에 너무 충실해서 하나의 경계에 갇혀 있다. 나와 남의 경계를 만들고 서로 견제한다. 가깝게는 잘 사는 동네, 잘 못 사는 동네, 또는 좋은 학교, 그렇지 않은 학교, 아니면 좋은 직장, 그렇지 않은 직장, 그 안에서도 좋은 부서, 그렇지 않은 부서 등등.

인간은 사회적 동물이므로 사람이 사는 데 소속감을 갖는 일은 필요하나, 그것이 지나칠 때 문제가 생긴다. 이 세상에 생기는 대부분의 문제가 이러한 관계 설정에서 온다고 해도 과언이 아니다. 내가 믿는 사상이 맞다고 주장하고, 그것을 지키기 위해서 싸우고, 끊임없는 갈등을 유발한다.

우리는 지금 현실을 제대로 살고 있는가?

어쩌면 우리는 인간이 아니라 나비로서 인간의 꿈을 꾸고 있는지도 모른다. 마치 영화 〈매트릭스〉 속 인간들처럼 말이다. 이 영화에서 인간들은 태어나자마자 인공 자궁 안에 생존하며 AI에게 에너지를 제공한다. 인간들은 AI가 만든 가상현실에서 살아가면서, 그것을 현실처럼 자각한다. 한마디로 AI의 희생양이 된다.

하지만 인간들 중에는 꿈에서 깨어나 현실을 자각하고, 이들의 지도자 모피우스와 함께 자신들을 구원해 줄 사람을 찾는 이들도 생긴다. 구원자는 바로 주인공인 네오였다. 그는 자신이 살던 현실이 현실이 아님을 자각하고, 마침내 깨어난다. 그가 바라본 현실은 처참하기 그지없다. 인간들은 살아남기 위해서 숨어 지내고, 기계들은 인간을 가차 없이 사냥한다.

네오는 참혹한 상황에서 선택을 해야 했다. 예전처럼 평범하게 직장 생활을 하면서 꿈속에서 지낼 것인가? 아니면 자칫 죽음으로 이어질 수 있는 길을 택할 것인가? 마침내 그는 자신의 참된 정체성을 찾기로 선택한다. 자신이 누구인지, 과연 인류를 구원할 운명인 것인지에 대해서 말이다.

나의 정체성은
무엇인가?

나이가 들다 보면 허무함을 느끼게 마련이다. 젊은 시절에 느낀 열정, 성공, 사랑, 행복 등의 감정이 점차 사라진다. 내 인생의 진정한 목적, 나의 정체성이 무엇인지 고민하게 된다. 이러한 고민은 당연한 것이다. 인간으로 태어난 이상 우리는 끊임없이 스스로에게 질문하게 되어 있다.

지난 수천 년 동안 수많은 철학자도 이러한 고민을 함께했다. 하지만 각자 사정은 다르다. 정답도 없다. 다만 스스로 공부하고, 독서하고, 사색하면서 답을 찾아가야 한다. 자신만의 길(道)이 모두 다르듯이 말이다. 인생이라는 긴 여정을 따라가면서 지금 나에게 남은 것이 무엇인지, 나는 누구인지, 앞으로 무엇으로 채워가야 할지 질문을 할 때다.

나는 과연 어떤 인간인가? 인간인가 아니면 나비인가? 아니면 〈매트릭스〉의 그들처럼 꿈속에서 살고 있는가? 나의 참된 자아는 무엇인가?

나의 정체성에 대해서
생각할 때다.

남은 삶은
어떻게
살아야 하는가?

끝이 아닌 삶을 위하여

아는 것만으로는 충분하지 않다.
적용해야만 한다.
의지만으로 충분하지 않다.
실행해야 한다.

요한 볼프강 폰 괴테 Johann Wolfgang von Goethe

키케로에게서 배우는
진정한 성장의 의미

소크라테스는 무엇을 말하는가?
"한 사람으로서 그의 농장과 말을 나아지게 하는 데 기쁘고,
나는 매일 매일 나 자신의 개선에 주의를 기울이는 것이 기쁘다."

What does Socrates say?
"Just as one person delights in improving his farm, and another his horse,
so I delight in attending to my own improvement day by day."

에픽테토스, 《대화록》 3부 5장 14편에서

공자에게 혹평을 들었던 위나라 영공(靈公)이라는 왕이 있었다. 공자가 천하주유 기간 동안 위나라에 들렀을 때, 그는 공자에게 인과 예 대신 군대의 진법(陣法)을 질문했다. 공자는 다음날 바로 짐을 싸서 떠났다. 그만큼 《논어》에 묘사된 영공은 어리석은 제후에 불과했다.

그런 위 영공이 총애했던 신하 중 미자하라는 인물이 있었다. 그는 뛰어난 외모로 유명한 인물이었다. 위 영공은 미자하의 외모를 높이 샀고, 그가 어떤 일을 하든 모두 곱게 넘어갔다. 어느 날 미자하의 어머니가 병에 들었을 때, 그는 왕의 수레를

몰래 훔쳐 타고 나갔다. 당시에는 왕이 아닌 자가 수레를 허락 없이 탄다면 발이 잘리는 형벌을 받을 수도 있었다. 신하들은 그의 죄를 물었지만 왕은 이렇게 말했다.

"효자로구나. 발이 잘리는 형벌조차도 잊었구나!"

여기에서 멈추었다면 다행이었겠지만, 그의 대담한 행동은 끝나지 않았다. 왕과 함께 정원을 거닐다 복숭아를 따먹게 되었고, 자신이 먹던 복숭아 반쪽을 왕에게 건넸다. 신하가 왕에게 자신이 먹던 복숭아를 내민다는 것은 명백히 선을 넘은 행위였다. 신하들이 또다시 그의 죄를 성토했지만 위 영공은 이번에도 용서했다.

"나를 사랑하는구나. 복숭아 맛이 좋으니, 과인을 잊지 않고 맛보게 해 주는구나!"

아무리 도가 지나쳐도 영공은 이를 묵과했다. 하지만 세월이 흐르자 미자하의 외모도 예전 같지가 않았다. 어느 날 어떤 신하가 그의 잘못을 왕에게 고했다. 미자하가 여전히 왕의 권세를 믿고 교만하게 굴었기 때문이리라. 그러자 영공은 그동안 그의 죄를 소급 적용하면서 이렇게 대노했다.

"이 녀석은 예전에 과인의 수레를 몰래 훔쳐 타고, 자기가 먹던 복숭아를 나에게 먹으라고 내밀기도 했다."

그 후 미자하는 귀양을 갔고, 비참한 말로를 맞이했다. 만약 그가 나이가 들수록 자신의 삶을 돌아보고, 반성하며, 잘못된 행동을 하지 않도록 조심했다면 어땠을까? 차라리 왕에게 고해서 은퇴하고, 조용히 고향에서 여생을 보냈다면 이렇게 미움받지 않았을 것이다. 그는 자신의 외모와 지위가 영원할 것이라고 믿었고, 부와 권력을 탐하고, 교만했기 때문에 끝이 좋지 않았다.

내면의 성장에
더 집중해야 한다

소크라테스는 "사람은 보통 재산을 증식하는 데 기쁨을 느끼지만, 나는 매일 자신을 개선하는 데 기쁨을 느낀다"고 했다. 한 인간으로서 물질적인 부를 늘리는 데 관심 갖는 것은 당연하다. 월급을 받거나, 사업을 통해서, 또는 주식이나 부동산 등의 재테크를 통해서 재산이 늘어나는 것을 보면 누구나 기쁨을 느끼게 되어 있다. 그러나 반대로 재산을 잃으면 실망감과 분노, 허탈함을 느끼며 삶의 의욕마저 함께 잃게 된다.

키케로는 《노년에 관하여》라는 책에서 '노년에 일반적으로 발생하는 네 가지 문제가 있습니다. 그것은 사람을 활동적인 삶에서 멀어지게 하고, 체력을 약화시키며, 향유하는 능력을 없애고, 죽음을 예상하게 합니다'라고 기술했다. 나이가 들면 활동적인 삶에서 멀어지는 것은 사실이다. 그러나 키케로는 노년에 맞는 활동이 따로 있다고 말한다. 나이가 많지만 조국을 위해서 지혜를 발휘한 사람들, 특히 로마의 아피우스 클라우디우스 카에쿠스(Appius Claudius Caecus)를 예로 들었다.

카에쿠스는 두 번째 집정관 직에서 물러나 17년이나 지난 뒤, 고령의 나이에도 불구하고 원로원에서 강력히 자기 주장을 피력하며 젊은 사람들 못지않은 열정을 보였다. 비록 체력은 이전 같지 않더라도 얼마든지 현역에서 활동할 수 있다는 것을 보여주는 좋은 예다. 키케로는 이렇게 또 한번 강조했다.

위대한 업적은 육체의 힘이나 속도, 민첩함이 아니라 지혜, 인격, 신중한 판단으로 이루어지고, 노년에는 이러한 것들이 오히려 더 성장한다.

남은 생을 어떻게 보내야 할까?

오늘날, 결코 외적인 요소를 무시할 수 없지만, 내면의 성장에 좀 더 집중할 필요가 있다. 우리는 살면서 수많은 미자하를 봐왔다. 한때 인생이 너무나 잘 풀려서 사람들의 선망과 질투를 동시에 받다가 몰락한 경우다.

반대의 경우도 있다. 승승장구함에도 겸허한 자세를 유지하고, 자신이 받은 것을 다른 이들에게 베푼다. 이러한 사람은 세월이 흐를수록 사람들의 존경과 사랑을 받는다.

내적으로 성장한 사람과 그렇지 않은 사람의 말년은 다를 수밖에 없다. 죽음이라는 종착역을 생각해 보면 더욱 그렇다. 외적인 것에 집착하고, 내면에 소홀하면 남은 인생은 껍데기가 될 수밖에 없다. 그래서 책을 읽고, 사색하고, 글을 쓰고, 좋은 사람들과 교류하며 성장하기 위해 매일 노력해야 한다. 이러한 과정을 거친 사람만이 남은 인생을 보람 있게 보내고, 죽음을 제대로 맞이할 수 있다.

죽음 앞에선
외적인 강점은 사라지고
성숙한 내면만이 살아남는다.

공자가 평생 도전하는 삶을 산 이유

성문을 지키는 문지기가 "어디에서 온 분입니까?"라고 묻자,
자로는 "공자 선생님의 문하에서 왔습니다."라고 대답했다.
그러자 그는 말했다.
"그 일이 불가능한 줄 알면서도 하고자 하는 그 사람 말입니까?"

晨門曰(신문왈), "奚自(해자)?"
子路曰(자로왈), "自孔氏(자공씨)."
曰(왈), "是知其不可而爲之者與(시지기불가이위지자여)?"

《논어》, 〈헌문〉 편에서

우리는 공자의 힘들고 고단했던 인생에 대해 잘 알지 못한
다. 누구나 퇴직을 바라보는 50대 중반, 공자는 화려한 벼슬자
리(오늘날의 법무부 장관)를 버리고 제자들과 함께 14년간 천하
주유를 시작했다. 나였다면 과연 그동안 쌓은 부와 명예, 사회
적 지위를 버리고 공자와 같은 선택을 할 수 있었을까?

《논어》의 〈헌문〉 편에 나오는 글을 읽으면 사람들은 보통 공
자가 무시를 당하는 장면이라고 생각한다. 그러나 '지기불가이
위지자(知其不可而爲之者)', 즉 불가능한 줄 알면서도 굳이
하려는 사람이라는 말은 남다른 의미로 다가온다. 공자도 인간

이다. 당연히 힘들고 포기하고 싶을 때도 있었을 것이다. 오죽하면 이런 말도 했겠는가? 역시 논어의 〈헌문〉 편에 나오는 일화로, 그의 제자 중에서 가장 부유하고 총명한 자공과의 대화를 담고 있다.

"아무도 나를 알아주는 이 없구나!"
"어떻게 스승님을 알아주는 사람이 없다고 말할 수 있습니까?"
"나는 하늘을 원망하지 않고, 사람을 탓하지 않고, 아래로 배우고, 위로 통달했다. 나를 알아주는 것은 오직 하늘이구나!"

남들이 자신을 알아주지 않더라도 원망하지 않으며, 하늘은 나를 인정할 것이라는 말이다. 보통 사람 같으면 비웃었겠지만, 제자들은 그렇게 생각하지 않았다. 공자는 15세에 학문에 뜻을 세운 이래로 도전하고 배우는 자세를 버리지 않았기 때문이다.

자신의 능력에 한계를 두지 말라

공자는 이렇게 불가능에 도전했지만 그렇지 못한 제자도 있다. 공자의 제자인 염유다. 염유는 공자가 천호의 큰 읍에서 현령을 맡을 만한 능력이 있다고 인정했을 정도로 뛰어난 행정가였다. 또한 그는 뛰어난 자질을 바탕으로 세도가인 계씨 집안에서 일을 했고, 공자가 다시 노나라로 귀국할 수 있도록 계강자(중국 춘추전국시대 노나라의 국정을 전담한 정치가)를 설득한 인물이다. 공자에게는 '은인'이나 다름없는 제자다. 하지는 그는 현실에 타협했다. 그러고는 공자와 이런 대화를 나누었다.

"선생님의 도를 기뻐하지 않는 것이 아니라, 제 능력이 부족합니다."
"능력이 부족한 사람은 중도에 포기한다. 너는 지금 한계를 긋고 있다."

공자는 민생을 염려하며 염유에게 여러 번 얘기했다. 계강자를 설득해 세금을 적게 걷고, 쓸데없는 전쟁을 벌이지 말고, 백성들의 삶을 편안하게 해 주라고 말이다. 하지만 염유는 현실적인 이유를 들며 포기했고, 마침내 공자는 모든 제자들에게 그를 성토하라고 분노했다. 그는 염유의 능력을 믿었지만, 계속된 타협에 크게 실망한 것이다.

공자와 제자 염유의 삶을 돌아보면 많은 생각을 하게 된다. 공자는 나이와 상관없이 불가능에 도전했다. 눈을 감기 전까지도 말이다. 하지만 아무리 나이가 들어도 불가능에 도전하는 사람은 과연 몇이나 될까? 반면 염유처럼 현실에 안주하면서 앞으로 목표 없이 살아가는 사람은 또 얼마나 될까? 어차피 죽으면 부와 명예는 사라질 텐데 왜 염유는 권력자의 편에 섰는가? 공자가 죽고 나서 그의 위대한 정신은 지금도 남아있는 반면, 사람들은 염유가 누구인지 기억하지 못하는 이유이기도 하다.

한 번뿐인 삶,
여기서 멈출 것인가
불가능에 도전할 것인가?

"결코
늦지 않았다"

공자께서 말씀하셨다.
"자로는 당까지는 올라섰지만, 입실하지는 못했다."

子曰(자왈),
"由也升堂矣(유야승당의), 未入於室也(미입어실야)。"

《논어》, 〈선진〉 편에서

우리는 늘 초조함에 시달린다. 치열한 경쟁 사회에서 살아남기 위해 좋은 대학에 입학하고, 좋은 직장에 취직하고, 좋은 집을 마련하고, 좋은 파트너를 만나는 등등 공부에서부터 시작해 대학에 이르기까지, 성공의 고속열차를 타기 위해 열심히 노력하고 남보다 앞서게 되면 뛸 듯이 기뻐한다.

나이가 들수록 이러한 '속도'가 인생의 전부는 아니라는 사실을 깨닫게 된다. 육십이 되고 칠십이 되면 모두 자신의 건강을 걱정하는 평범한 사람이 되기 때문이다. 물론 남들보다 노력하면 분명히 좋은 결과가 따라온다. 누구나 꿈꾸는 삶, 예를 들어

골프를 치고, 쾌적한 환경에 살면서 해외여행까지 무리 없이 다니는 삶을 살게 될 수도 있다.

하지만 그런 삶을 누리게 되더라도 결국 나보다 더 잘 살고, 더 좋은 골프장, 더 좋은 곳으로 여행을 다니는 사람을 부러워하게 된다. '상향 비교'는 어쩔 수 없는 사람의 본능이다. 그러나 이를 그대로 따르는 것은 멈출 수 없는 고속열차에 스스로 올라타는 것과 마찬가지다. 우리는 결국 모두 종착역에서 만나게 된다. 그 누구도 생로병사(生老病死)를 벗어날 수는 없다. 부자이고 권력자라도 말이다.

변화가 준 시사점

공자의 제자 자로는 동네 건달이었다. 힘 좀 쓰는 그는 지식을 자랑하는 학자들을 찾아가 종종 혼을 내주고는 했다. 본래 그는 선량한 사람이었고, 부모에게 효도를 다하는 효자였지만, 위선적인 세상에 회의를 느끼고 있었다. 그러던 중 공자라는 유명한 학자가 자신의 마을에 왔다는 소식을 듣자 혼쭐을 내러 찾아갔다. 그런데 공자는 불량한 그를 보고도 오히려 예의를 갖췄다. 자신을 무시하거나 잘난 체하면 한방 먹이려고 했는데, 자신만큼 덩치가 큰 공자가 예로써 공손하게 대하자 그는 순간 얼어붙었다.

정신을 차린 자로는 공자에게 정중하게 절을 올리고 평생 스승으로 모셨다. 공자의 많은 제자 중에서 이렇게 극적인 첫 만남을 가진 사연은 없다. 그만큼 그의 일화는 많은 이에게 생각할 거리를 준다.

결코 늦은 때란
없다

자로는 《논어》에서 단골메뉴처럼 등장한다. 오히려 공자가 제일 총애하던 안연보다 훨씬 더 많이 나온다. 그런데 그의 등장이 화려하지만은 않다. 대부분 공자에게 혼나는 역할이었고, 그런 그를 다른 제자들은 은근히 우습게 생각했다. 어느 날 자로가 뜬금없이 스승의 집 앞에서 거문고를 연주하자 다른 제자들은 그를 존중하지 않았다. 하지만 공자는 이렇게 말했다.

"자로는 승당(대청에 오르다)에 올라설 수 있다. 하지만 아직 입실(방에 들어서다)할 경지는 아니다."

칭찬과 선긋기를 동시에 했지만, 그래도 수많은 공자의 제자를 생각해 보면 대청에 앉을 정도의 수준이 되는 제자가 과연 얼마나 있었을까? 자로는 늦은 나이에 공자의 제자가 되었지만 누구보다 성실하게 질문하고, 때로는 혼나면서 학문의 경지를 높였다. 특히 그의 행정 능력은 공자도 인정할 정도였다.

공자가 천하 주유 후에 노나라에 다시 돌아왔을 때의 일이다. 당시 세도가인 계강자는 공자에게 제자들 중에서 쓸 만한 인재가 있는지 물어보자 공자가 답한다.

"자로는 정사에 종사할 수 있습니까?"
"자로는 과단성이 있으니, 종사하는 데 어떤 어려움이 있겠습니까?"

공자는 평소 제자들을 평가하는 데 엄격했지만, 이때는 의외로 후하게 제자를 평가했다. 생각해 보자. 산 도적과 같고 학식이 낮았던 그가 공자와 수십 년간 함께 다니며 마침내 공직까지 진출한 것이다. 이렇게 급성장을 보인 제자가 얼마나 될까?

자로의 마지막도 극적이었다. 그는 평소 정의롭고 의로운 행동에 앞장섰고, 이러한 성격 때문에 공자는 그가 오래 살지 못할 것이라고 걱정했다. 걱정은 현실이 되었다. 자로가 벼슬에 올랐던 위나라에서 반란이 일어난 것이다.

위출공(당시 위나라의 군주)이 자신의 아버지 괴외와 공회에 의해 쫓겨나자, 자로는 반란군에게 목숨을 걸고 항변을 하러 갔다. 도중에 만난 공자의 다른 제자가 그를 만류했으나 전혀 듣지 않았다. 괴외를 만난 자로는 반란을 부추긴 공회를 죽여야 한다고 주장했지만 받아들여지지 않았고, 그들이 있던 대(臺)를 불태우려다가 무사들에 의해서 죽임을 당했다.

비록 자로의 능력은 늦게 만개했지만, 자신이 믿는 소신을 지키고 죽음 앞에서 떳떳했다. 그의 이름이 안연과 더불어 후세에 오랫동안 불리는 이유이기도 하다.

만약 무언가를 시작하기에 배우기에 늦었다고 생각하다면 자로를 떠올려보자. 그 깊이가 남들과는 같지 않다고 하더라도 적어도 후회는 없을 것이다. 나중에 맞이할 죽음의 '질(質)'도 달라질 것이다.

삶에서 늦은 때란
결코 없다.

공자가
거울삼았던 사람들

공자께서 말씀하셨다.
"세 사람이 길을 가면, 반드시 나의 스승이 있다.
그 중에서 선한 것을 택해서 따르고,
선하지 않은 것은 참고해서 고친다."

子曰(자왈),
"三人行(삼인행), 必有我師焉(필유아사언)。
擇其善者而從之(택기선자이종지),
其不善者而改之(기불선자이개지)。"

《논어》, 〈술이〉 편에서

살다 보면 인간관계가 넓어지기도, 반대로 좁아지기도 한다. 자신이 속한 분야의 사람들을 자주 만나게 되니 그럴 법도 하다. 회사원들은 상사나 동료와 더 많이 어울리게 되고, 사업을 하는 사람들은 사업 파트너와 더 자주 만난다. 그것이 편하고 익숙하기 때문이다. 새로운 변화보다는 현실에 안주하는 것은 인간의 본성이고 DNA다.

하지만 그러한 편안함을 경계할 필요가 있다. 새로운 관계를 만들기 위한 노력은 자신에게 '선한 영향력'으로 돌아온다. 이는 좋은 관계에만 국한된 이야기가 아니다.

우리는 사회적 동물이고, 관계를 통해서 성장한다. 그것은 나의 경계(boundary)를 넘어서게 만든다. 나만의 울타리 안에서 계속 머문다면 편안하겠지만, 그렇게 산다면 우물 안의 개구리가 되기 마련이다.

이렇게 항변할 수 있다. "이미 너무 많은 인간관계를 맺어서 오히려 정리하고 싶다"라고 말이다. 하지만 지금 나의 관계를 돌아보자. 그 중에서 정말로 나에게 소중하고 중요한 관계는 얼마나 될까? 회사나 사업상의 파트너는 결국 이해관계로 맺어진 것이 아닌가? 만약 내가 그 분야에서 떠난다면 그 관계는 과연 지속될 것인가? 그렇지 않을 확률이 높다. 종국에는 청계산이나 북한산에 홀로 등산을 갈 확률이 더 높아질 것이다(등산은 건강에 좋다. 다만 등산밖에 할 것이 없다면 문제다).

본받아야 할 인간상과 피해야 할 인간상

공자는 세 사람이 길을 가면, 반드시 나의 스승이 있다고 말했다. 여기에서 흥미로운 것은 "그중에서 선한 것을 택해서 따르고, 선하지 않은 것은 그것을 거울삼아서 고쳐라"라고 조언한 점이다. 즉, 좋은 점을 배우는 것은 당연하지만 그렇지 않더라도 본보기 삼아서 자신도 그와 같은 문제가 없는지 비추어

보라는 것이다.

우선 나의 인맥을 다시 한번 돌아보고 이 중에서 나에게 스승이 될 만한 사람이 있는지 따져 보는 것이 어떨까? 타인에게 베풀기를 좋아하고, 덕을 쌓는 사람이 있다면 그 점을 배우면 된다. 철저한 자기관리로 나이에 비해 젊게 사는 사람이 있다면 이 또한 참조할 만하다.

반면, 나이가 들수록 점점 꼰대가 되고, 귀를 막고 사는 사람도 있다. 오로지 자신의 경험과 연륜만이 옳다고 믿으며 다른 사람의 의견은 묵살한다. 그렇게 고립되어 살아가는 사람이 있다면 이는 피해야 할 인간상(人間像)이다. 그리고 나도 그 사람과 마찬가지인 건 아닌지 돌아보면 된다.

인간은 사회적인 동물이기 때문에 관계를 피할 수 없다. 더군다나 나이가 들면 더욱 그렇다. 친구, 직장 동료, 각종 지인들이 그렇다. 사실 그 관계를 유지하는 것도 벅찰 것이다. 그만큼 인간관계는 여러 방면에서 복잡해진다.

하지만 이럴 때일수록 관계를 재점검할 때다. 단지 사회적 관계를 유지하기 위해(외롭지 않기 위해서) 억지로 어울리는 관계가 있지 않은가? 혹시라도 소외당하는 것이 두려워서 울며 겨자 먹기로 모임에 나가고 있지는 않은가? 그렇게 사회적인 체면을 위해서 연결되는 가느다란 관계는 결국 성장과 변화에 그다지 도움이 되지 못한다. 진정으로 좋아하고 원하는 것을 생각해 보고, 나와 맞는 가치관을 가진 사람들로 주변을 채우고, 가느다란 관계를 정리하거나 만나는 빈도수를 낮추는 것이 맞다.

관계는 남은 인생에서
가장 중요한 역할을 한다

인간관계를 이야기할 때 늘 떠오르는 관포지교라는 고사성어가 있다. 오랜 세월 동안 친구로서 지내다가 정치적 상황으로 인해 적이 되었음에도 서로를 이해하고 응원했던 관중과 포숙의 관계에서 유래된 말이다. 이 둘의 관계처럼 나를 알아주는 지인이 단 한 명만 있다면 그 인생은 정말로 성공한 것이다. 하지만 이러한 관계는 저절로 이루어질 수 있는 것이 아니며, 서로를 이해하고자 하는 노력이 바탕에 깔려 있어야만 한다.

이 고사성어가 나온 다음의 이야기도 중요하다. 바로 제환공과 관중의 이야기다. 관중과 포숙의 군주였던 제환공은 영민했지만 과시욕이 있었고, 그의 신하였던 관중은 능력이 있었지만 부와 권력을 추구했다.

공자는 이러한 관중을 비난했지만, 당대의 백성들은 그들의 능력을 높이 샀다. 이는 제환공과 관중이 끊임없이 서로의 능력을 보완해 갔기 때문이다. 그러나 관중이 세상을 떠나고 난 뒤, 이러한 보완 관계도 끝이 났다.

제환공은 관중이 죽기 전 앞으로 자신을 도와서 패업을 달성할 신하를 추천해 달라고 했다. 관중은 군주가 추천한 역아, 개발, 수초에 대해서 이렇게 평가했다.

"역아는 자기 아들을 죽이고 아첨한 사람입니다. 이는 인륜을 저버린 행동입니다. 개방은 위나라 공자이면서 왕에게 잘 보이기 위해서 가족을 버렸습니다. 수조는 스스로 거세하여 아부한 인물입니다."

관중은 이들을 모두 신임할 수 없으니, 습붕이 적당하다는 마지막 충언을 남기고 세상을 떠났다. 하지만 환공은 그의 말을 듣지 않고 간신배들을 중임했다. 환공이 세상을 떠난 뒤 이들은 관중이 우려했던 대로 반란을 일으켰고, 제나라는 위기에 빠졌다. 환공의 시신은 구더기가 들끓을 정도로 방치되었다. 이후 제나라는 패자의 지위를 잃고 퇴락했다.

환공의 시체는 침실에 그대로 방치되었다. 두 달이 지나서야 비로소 무궤가 궁에 들어와 즉위하였고 환공의 입관이 겨우 이루어졌다. 시체에서는 구더기가 끓어 방에 기어 다닐 정도였다.

관계는 중요하다. 내가 어떤 사람과 관계를 맺느냐에 따라서 인생이 좌우된다고 해도 과언이 아니다. 물론 가장 안전하고 오랜 관계는 어릴 적부터 맺어온 친구와의 우정이다. 그 무엇도 이것을 대체할 수는 없다.

하지만 때로는 그 관계조차 외로움을 달래기 위한 관계였는지 다시 한번 돌아볼 때다. 어릴 적의 나는 지금의 내가 아니고, 친구도 마찬가지이다. 오랜 시간동안 다른 시간과 공간에 있었다면 그 격차는 더욱 벌어졌을 것이다. 단지 예전에 대한 향수로 관계를 억지로 끌고 가는 것도 다시 한번 돌아볼 일이다.

주변의 관계를 나의 변화와 발전을 위한 수단으로만 여기자는 이야기는 아니다. 하지만 그 관계가 우리의 남은 인생에 상당히 중요한 역할을 하는 것도 사실이다. 지금 돌아봐야 하는 것이 바로 인간관계다.

내가 죽음을 맞이했을 때, 내 주변에 있을 친구들은 과연 누구일까? 내 병상에 서서 또는 나의 장례식장에서 애도해 줄 친구들을 생각해 보면 인간관계는 의외로 쉽게 정리될 것이다.

삶의 마지막까지
누구와 함께할 것인가?

공자가 인생 전반에서
반드시 지켰던 것

고기가 많더라도 밥보다 많이 드시지 않았다.
술은 일정량 제한하지 않았으나, 마음을 어지럽힐 정도까지 드시지 않았다.
사온 술과 시장의 육포는 드시지 않았다.

肉雖多(육수다) 不使勝食氣(불사승식기)。
唯酒無量(유주무량), 不及亂(불급란)。
沽酒市脯(고주시포) 不食(불식)。

《논어》, 〈향당〉 편에서

우리나라에 《동의보감(東醫寶鑑)》을 지은 명의 허준(許浚)
이 있다면, 중국의 명의로는 화타(華佗)가 있다. 그런데 화타
보다 더 앞선 전설적인 명의가 있다. 바로 편작(扁鵲)이라는
사람이다. 그는 《오색맥진(五色脈診)》, 《삼세병원(三世病源)》
등의 책을 저술한 것으로 알려졌다.

편작이 제환공(관중과 포숙이 섬긴 제환공과는 다른 인물이다)
을 만났을 때의 일이다. 그는 환공의 피부를 보더니 피부에 질
병이 있기 때문에 치료를 해야 한다고 말했다. 하지만 환공은
"나는 병이 없고, 의사는 질병을 치료해서 자신의 공을 자랑하

려 한다"고 비난했다. 열흘 정도 지나서 편작이 "질병이 이미 살 속에 있으니, 치료하지 않으면 장차 더 큰일이 날 것이다"라며 다시 한번 치료를 권했다. 그러나 환공은 역시 그의 말을 듣지 않았다. 편작이 나중에 책망을 들을까 걱정해 달아나자, 환공은 사람을 보내서 그 까닭을 물었다. 그러자 편작은 이렇게 대답했다.

질병이 피부에 있으면 찜질로 치료하고, 살 속에 있으면 침으로, 장과 위에 있을 때는 약을 달여 먹으면 됩니다. 하지만 병이 이미 골수까지 파고들어서 더 이상 권고를 하지 않는 것입니다.

환공은 나중에 심한 통증을 느껴서 그를 다시 찾았지만 편작은 이미 달아나고 없었고, 결국 치료를 하지 못해 죽고 말았다. 이는 결국 모든 건강의 변화는 '작은 것'에서부터 시작한다는 것을 의미한다.

공자가
장수한 비결

얼마 전에 지인의 장인어른이 식도암 판정을 받았다. 원인은 평소 '독한 술'을 즐겨 마셨기 때문이라고 한다. 독한 술을 마시다 보니 아무래도 식도에 안 좋은 영향을 줬고, 목에 통증을 느껴 병원을 찾았을 때는 이미 식도암으로 발전해 긴급하게 치료를 받아야하는 형국이 되었다. 앞으로 어떻게 항암 치료를 받으실지 모르겠지만, 당사자와 가족 모두에게 고통스러운 일이 아닐 수 없다.

작은 조짐을 미리 알면 좋겠지만, 사실 그렇지 않은 경우가 많아 난감할 수 있다. 하지만 대부분 병은 아주 사소한 것에서부터 시작된다. 평소보다 피곤하다든지, 신체 어딘가에서 통증이 느껴진다면 절대 가볍게 여길 일이 아니다. 반드시 병원에 가서 진찰을 받아야 한다.

병으로 발전하기 전에 사전에 예방을 하는 것이 제일 중요하다. 그러기 위해서는 평소에 건강관리를 잘해야 한다. 물론 나쁜 습관을 바꾸고 변화한다는 것은 쉽지 않다. 더군다나 나이가 든 상태에서 무언가를 새롭게 시작하는 일은 더욱 힘들게 느껴진다. 하지만 너무 어렵게 생각할 필요는 없다. '실천'이 답이기 때문이다. 실천의 중요성은 아마 인간의 문명이 시작된 고대부터 계속 강조가 되었을 것이다.

춘추전국시대 때도 마찬가지다. 공자는 누구보다 실천을 중요시했다. 사소하게는 먹는 습관부터 시작하여 건강을 위해서 행동했다. 날것은 피하고, 시장에서 만든 음식이나 술은 피했다. 당시 시대상을 반영했을 때는 위생 상태가 좋지 않은 시장보다 집에서 음식을 직접 해 먹는 것이 훨씬 안전했기 때문일 것이다.

《논어》의 〈향당〉 편에는 공자의 평소 행동과 몸가짐을 알 수 있다. 심지어 공자의 식습관에 대한 이야기도 나온다.

> 밥이 쉬거나 상한 생선과 부패한 고기는 드시지 않았다. (중략) 때가 아니면 드시지 않았다. (중략) 고기가 많더라도 밥보다 많이 드시지 않았다. 술은 제한하지 않았으나 마음을 어지럽힐 정도까지 드시지 않았다. 사온 술과 시장의 육포는 드시지 않았다.

공자의 아버지는 무인이었고, 공자도 기골이 장대했다. 그가 만약 펜 대신 칼을 들었다면 한 시대를 풍미한 장군이 되었을 확률이 높다. 그는 뛰어난 지혜를 갖고 있었고, 3천 명의 제자들을 거느릴 정도로 리더십이 있었다. 거기에 신체적인 조건까지 좋으니 그야말로 딱 안성맞춤이다.

공자가 50대 중반에 14년간 천하를 주유를 한 것도 건강이 받쳐 주었기 때문이다. 당시의 교통 상황과 음식 수준을 감안하면 여행은 상당히 열악했을 것이기 때문이다. 하지만 공자는 자기 관리를 철저하게 잘했기 때문에 73세까지 장수할 수 있었다. 상한 음식을 먹지 않았고, 위생이 불량한 음식 역시 먹지 않았다. 술도 적당량만 마시며 중용의 도를 지켰다.

공자는 제자 안연의 가난하지만 도를 추구하는 삶을 칭찬했지만, 사실 안연이 요절한 이유도 건강 관리를 잘하지 못한 원인이 크다. 공자가 〈옹야〉 편에서 안연을 두고 '밥 한 그릇과 표주박 한 개에 담긴 마실 것으로 궁벽한 마음에 살면서도, 그 즐거움을 바꾸려 하지 않는다'라고 칭찬하기는 했다.

그러나 매일 밥 한 그릇과 물 한 주박만 먹고 마시다 보면 영양 상태가 좋을 리 없다. 더군다나 안연은 공자를 따라서 천하를 돌아다녔고, 죽을 고비도 몇 번 넘겼기 때문에 건강에 무리가 올 수밖에 없었을 것이다.

건강에 대한
중용의 도

지금보다 건강에 더욱 투자하기로 결심했다면, 그 결심을 실행해야 의미가 있다. 그러려면 헬스클럽에 등록하든, 아니면 매일 10분 이상 산책을 하든 몸을 움직여야만 한다. 실행 없이 무언가를 이룬다는 것은 불가능하다. '나중에 시간이 나면 운동을 해야겠다'라고 머릿속으로만 생각하면 오십이 되어도, 육십이 되어도 몸은 바뀌지 않는다. 결국 나중에 건강에 큰 문제가 생기고 나서야 변화해야겠다는 생각이 들 것이다.

　나이가 들면 소화량이 줄어들기 때문에 이전처럼 과식을 하면 안 되고, 적당히 먹고 마셔야 한다. 음식도 그렇고 술도 마찬가지다. 그렇지 않으면 앞서 편작이 언급한 대로 아주 사소한 것에서부터 건강에 이상 조짐이 시작될 것이다. 건강에 대해서도 '중용의 도'를 잊지 말아야 한다는 의미다.

　이러한 중용의 도는 결국 아웃풋, 즉 죽음으로 나타난다. 더 오래 사는 것도 중요하지만 무엇보다 건강하게 오래 사는 것이 중요하다. 나중에 병을 달고 산다면, 죽음에 이르는 길은 더 고통스러울 수밖에 없다. 이제 건강을 위한 나만의 중용의 도가 무엇인지 생각해 보자.

건강에도
'중용의 도'가 필요하다.

도연명이 일찌감치
깨달은 삶의 가치

뭉게뭉게 머문 구름, 때맞춰 비가 자욱하게 내리네.
세상이 온통 어두컴컴하고, 평탄하던 길이 막혀버렸구나.
고요히 동쪽 처마 밑에 기대어 홀로 봄 술을 마신다네.
좋은 벗 아득히 멀리 있어, 머리 긁적이며 한동안 서성이네.

靄靄停雲(애애정운), 濛濛時雨(몽몽시우)。
八表同昏(팔표동혼), 平路伊阻(평로이조)。
靜寄東軒(정기동헌), 春醪獨撫(춘료독무)。
良朋悠邈(량붕유막), 搔首延佇(소수연저)。

도연명, 《전집》에서

도연명의 《전집(全集)》 중 〈정운(停雲)〉에 실린 위의 시는 총
4장으로 구성되어 있고, 위의 시는 그 중에 첫 장이다. 시를 읽
다 보면 초야에 은거한 시인이 봄날, 홀로 처마에 기대어 술을
기울이는 모습이 눈에 선하다. 시인은 친구를 그리워하면서 상
념에 젖는다.

벼슬길에서는 큰 성공을 거두지 못했지만 그는 전원생활을
하며 내적 성장에 더 집중했다. 물론 처음에는 출세를 향한 미
련이 조금이나마 남아 있었을지 모르지만, 이후에는 농사를 짓
고 시를 지으면서 남은 인생을 즐겼다. 만약 그가 출세했다면

후세 사람들은 불세출 시인의 작품을 만나지 못했을 것이다. 하지만 도연명이 은거하며 꾸준하게 쓴 시가 후대에 전해지면서 우리가 진정한 인생의 의미, 성공을 생각할 수 있도록 한다.

'여유가 있고, 한가롭고 걱정이 없어서 속세에 얽매이지 않는다'라는 뜻의 유유자적(悠悠自適)은 바로 이러한 삶의 태도를 의미하는 것이리라.

소박한 삶의
즐거움

요새 사람들에게 각광을 받는 동영상은 음식을 먹으면서 즐기는 '먹방'이다. 심지어 'Mukbang'이라는 영어 단어가 있을 정도다. 어떤 유튜버는 평범한 직장인이었는데, 평소 동료들과 찾는 식당에서 먹방을 찍으면서 유명세를 탔다.

화려한 복장과는 다르게 소박한 음식으로 회식을 하는 모습에 수많은 직장인들이 공감한 것 같다. 과연 초심을 계속 유지할 수 있을지는 모르겠지만, 이런 유튜브 채널은 적어도 많은 이들에게 인생을 진정으로 즐기는 모습이 무엇인지 실마리를 제공한다고 볼 수 있다.

대학시절 친구들과의 관계도 마찬가지다. 친구들과 옹기종기 모여 파전에 막걸리를 즐기는 모습, 또한 옛 추억을 나누는 모습을 떠올려 보자. 이들 중에는 소위 사람들이 이야기하는 사회적으로 성공한 사람도 있고, 그렇지 않은 사람도 있을 것이다. 그러나 여기서 중요한 건 나와 친구의 지위, 명예 따위가 아니라 친구들과 한 잔씩 주고받으며 나누는 소소한 이야기일 것이다.

젊은 시절에는 다양한 사람들과 다양한 장소를 다니면서 경험을 쌓은 뒤 나이가 들면 어느 정도 호불호가 생긴다. 내가 좋아하는 장소, 음식 등이 대략 정해진다. 그것이 편하기 때문이다. 취미도 마찬가지다. 젊은 시절부터 많은 경험을 하면서 점차 나에게 맞는 취미를 찾게 된다. 축구, 농구, 헬스, 골프, 배드민턴 등 운동이 되거나 독서, 영화나 음악 감상, 여행, 맛집 탐방 등 다양하다.

공자의 삶도 그러했고, 예전에 수많은 학자들도 시를 짓고 풍류를 즐겼다. 도연명 역시 굳이 정치계에 진출해서 정쟁의 소용돌이에 빠져 살기보다는, 시골에서 유유자적하게 친구들과 어울려서 시문을 짓는 것이 하나의 낙이었을 것이다.

유유자적한 삶의
즐거움

마음에 여유를 갖지 못하고 쫓기면서 사는 사람들도 많다.

지나치게 현실과 타협하고, 부와 명예를 좇는 경우다. 남들에게 인정받고 성취를 보상받는 일은 필요하다. 그것은 중요한 동기 부여다. 동기 없이 무언가를 꾸준히 하기는 어렵다. 우리가 사업을 하거나 회사에서 일하는 것은 결국 대가를 얻기 위함이다. 그것은 금전적인 것이 될 수도 있고, 명예가 될 수도 있다.

하지만 아무리 일이 중요하고 사회적 성공을 무시할 수 없다 하더라도, 유유자적한 삶 역시 즐길 줄 알아야 한다. 취미를 가지라는 이야기도 많지만 그보다는 우선 자신의 마음을 채울 무언가가 필요하다. 다양한 방식이 있을 것이다. 그중에서 책을 읽고, 자신을 성찰하는 방식도 좋을 것이다. 시를 읽어 보는 것도 좋다. 공자 역시 제자들에게 늘 《시경》을 배우라고 권했다.

너희들은 어찌하여 시를 배우지 않느냐? 시는 흥미를 이끌고, 관찰할 수 있고, 사람들을 모을 수 있고, 사회의 문제에 대해서 논할 수 있다. (중략) 새와 짐승과 풀과 나무의 이름을 많이 기억할 수도 있다.

우리가 가요를 듣고 노래를 부르는 것과 마찬가지로 시를 읽는 것도 낭만이다. 한 번쯤 기회를 내서 시를 읽고 낭독해 보는 것도 좋다. 어떤 시는 마음에 안식을 가져다 주고, 또 어떤 시는 사회적인 부조리를 누해 현실을 뒤돌아보게 만든다. 이 또한 나에게 일어나는 '작은' 변화다.

즐길 줄 모른다면 인생은 더욱 척박해질 수밖에 없다. 죽음을 맞이할 때도 마찬가지다. 평소 소박하고 즐기면서 사는 사람은 떠날 때도 상대적으로 마음이 가벼울 것이다.

하지만 끝까지 긴장을 늦추지 않고 조금이라도 더 많은 재산을 모으기 위해서 처절하게 산 사람은 삶에 대한 미련이 더욱 커질 수밖에 없다. 죽음 앞에서 자신의 삶을 돌아보면서 조금 더 많이, 또는 소박하게나마 인생을 즐기고 누리지 못했음을 후회할지도 모른다.

이보다는 조용한 시골집에서 뭉게구름을 바라보고, 도연명의 시를 읊으며, 술 한 잔 하며 눈을 감는 것이 정말로 멋진 마무리가 아닐까?

죽음을 바라보는 여유는
마음의 여유에서 나온다.

장자는 왜 아내의 장례식에서
노래를 불렀을까?

그럼에도 내가 소리를 내어 곡소리를 한다면
스스로 천명에 통달하지 못한 것이라고 생각하네. 그래서 그쳤네.

而我噭噭然隨而哭之(이아교교연수이곡지)
自以爲不通乎命(자이위불통호명)。故止也(고지야)。

《장자》, 〈지락〉 편에서

장자는 아내가 죽자, 그의 장례식에서 항아리를 두드리며 노래를 불렀다. 그 모습을 본 절친한 친구인 혜자가 말했다. "자네 자식을 키우고 함께 늙어간 아내가 죽었는데 곡은 안하고 오히려 노래를 부르는 것은 너무 심하지 않은가?" 친구가 이렇게 질책을 하자 장자는 이렇게 답변을 했다.

"그렇지 않네. 처음엔 나라고 어찌 슬프지 않았겠는가? 하지만 태어나기 이전을 생각해 보면 본래 삶이 없었고, 형체도 없고, 기(氣)도 없었네. 황홀한 것 사이에 섞이고 변해서 기가 있게 되었고, 기가 변하여 형체가 있고, 형체가 변하여 삶이 있게 되었다네. 지금 또 아내가 변해서 죽음에 이른 것이네."

그러면서 그는 이 모든 것이 봄, 여름, 가을, 겨울의 사계절이 운행하는 과정이라고 말했다. 소중한 사람을 잃게 되면 당연히 마음이 아프다. 그것이 자연스러운 현상이다. 아무런 감정을 느끼지 않는다면 사람이 아니다. 비록 겉으로는 초연한 척했지만, 장자의 마음도 찢어지게 아팠다. 처음에 장자도 '아독하능무개연(我獨何能無慨然)', 즉 나 홀로 어찌 슬픈 마음이 없을 수 있겠느냐고 인정했다. 개(慨)는 보통 '대개'할 때 쓰는 말이지만, 여기에서는 '개탄하다'라고 할 때 쓰이는 단어다.

순리를 받아들여야 할
때가 있다

세상을 살다 보면 뜻대로 풀리지 않는 경우가 많다. 최선을 다했음에도 불구하고 원하는 결과가 나오지 않기도 한다. 그럴 때 당연히 절망과 좌절을 느끼게 된다. 하늘을 원망하고 싶은 마음도 들 것이다. 특히 쏟아 부은 시간과 힘이 많으면 많을수록 그런 마음이 더 강하다.

그러나 어느 순간에는 놓아버릴 때도 필요하다. 마치 어떤 일에는 시간이 필요하듯이 잠시 시간을 주는 것도 방법이다. 무조건 매달린다고 해결되는 것은 아니다.

예전에 아는 선배가 이직을 심각하게 고민할 때가 있었다. 그분은 회사에서도 능력을 인정받아 높은 연봉을 받으며 '잘 나가고' 있었다. 하지만 상사와 뜻이 맞지 않았고, 후배들을 구조조정해야 하는 입장이 되자 차라리 그만두는 것이 낫다고 판단했다. 결정을 내리기 전, 그는 혼자 여행을 떠났다. 콘도에서 두문불출하면서 책을 읽으며 일주일간 상념에 빠졌다. 마침내 퇴직을 결정한 뒤 자신의 사업을 시작했다. 사업 초창기에 어려움도 있었지만 이제는 자리를 잡아 사업가로 제2의 인생을 잘 살고 있다.

만약 그 선배가 회사에서 계속 대립각을 세우며 충돌했다면 어땠을까? 물론 뜻한 바를 관철할 수도 있었겠지만 상대방이나 선배나 감정 출혈이 많았고, 결국 그 선배도 퇴직을 종용받았을 수도 있다. 그러한 상황에서 운명을 받아들이고 퇴직을 선택한 것이다.

모든 것은 생겼다가 사라지고, 그 반대로도 된다

우리의 인생도 이와 같다. 장자가 이야기했듯이 황홀한 가운

데 섞이고 변해서 기(氣)가 생기고, 그것이 형체(形)가 되고, 형체가 변하여 삶(生)이 되듯이, 그것이 반대로 되어서 형체와 기가 사라져서 죽음(死)이 되는 것이다. 이것이 삶과 죽음의 순환 과정이다.

우리는 젊은 시절, 청운의 꿈을 안고 열심히 노력한 결과 좋은 성취를 이루고 잘 살게 되었지만, 언젠가는 그 끝이 있게 마련이다. 그렇기 때문에 인생을 좀 더 크게 볼 필요가 있다. 최선을 다하는 자세는 중요하다. 그러나 순리를 받아들이는 자세도 똑같이 중요하다.

어차피 인간이란 존재는 기와 형체, 생명으로 이루어졌다가 마치 계절이 변하는 것처럼 끝이 있게 마련이다. 그러한 변화를 인정할 때 부와 명예, 사회적 지위 등에 집착하는 마음을 조금이나마 내려놓을 수 있다.

사계절이 당연하듯,
삶과 죽음이라는
순리를 받아들여야 한다.

공자가 제자들에게
한결같기를 주문한 이유

공자께서 말씀하시길,
"한 겨울의 추위가 된 연후에
소나무와 잣나무가 늦게 시든다는 것을 알 수 있다."

子曰(자왈),
"歲寒然後(세한여후)
知松柏之後凋也(지송백지후조야)."

《논어》, 〈자한〉 편에서

　성공한 사람들의 성공 비결을 보면, 크게 세 가지가 있음을 알 수 있다. 첫째는 성실, 둘째는 관계, 셋째는 운이다. 부단한 노력과 많은 관계를 통해서 힘을 얻고, 거기에 운까지 더해지면 그야말로 성공의 문턱에 들어서게 된다. 하지만 성공과 실패는 동전의 양면과 같다. 늘 승승장구하기만 하는 것은 아니다. 때로는 실패를 하고 절망과 좌절에 부딪치기도 한다.

　성공하는 사람과 실패하는 사람의 운명은 여기서 엇갈린다. 결국 성공하는 사람은 어려움을 뚫고 나아간다. 부단하게 노력하여 마침내 자신의 목표를 달성하고 꿈을 성취한다. 반면, 실패하는 사람은 운명의 탓으로 돌리며 일찌감치 포기한다.

성공이 꼭 경제적인 면만을 의미하는 것은 아니다. 성공에도 여러 가지 종류가 있다. '사람 부자'라는 말도 있듯, 경제적으로 부유하지는 않더라도 주변에 좋은 사람들이 넘치는 사람이 있다. 좋은 사람의 기운은 좋은 에너지를 전달하고, 행복하고 충만한 삶을 살 수 있도록 돕는다.

이들은 자신이 인기가 있다고 해서 거만하거나 얕잡아 보지 않는다. 겸손한 마음을 유지한다. 또한 마음과 행동이 언제나 한결같다. 한결같은 꾸준함을 유지한다는 것은 바로 나의 몸과 마음에 있어서 꾸준함을 의미한다.

한결같음을 유지한다는 것

공자는 《논어》의 〈술이〉 편에서 이렇게 이야기했다.

선한 사람을 내가 만나지 못했다. 한결같은 사람을 만날 수 있으면 좋겠다. 비어있으면서도 가득 차 있는 척 위선을 보이며, 곤궁하면서도 부자인 척하니, 한결같음을 지닌다는 것은 어렵구나.

주변의 오래된 지인이나 친구들을 돌아보자. 이들 중에서 한결같음을 유지하는 사람은 과연 얼마나 될까? 이렇게 말하는 나도 5년 전, 10년 전, 20년 전의 내가 아니다. 하지만 늘 중심은 유지하려고 한다. 그것은 타인에 대한 관심과 배려이며, 이러한 마음을 잃지 않는 것이 공자가 주창한 인의 정신이다.

반면, 중심을 잃고 완전히 변해 버리는 사람도 있다. 권력과 금전을 오직 목표로 하면서 주변의 사람들을 이용하려고만 한다. 그런 사람들은 시간이 지나면서 성격도, 외모도, 심지어 눈빛까지 급격하게 변한다.

공자가 말한 '위선자'의 모습은 어디서든 볼 수 있다. 특히 미디어가 발달한 지금 같은 시대에는 더욱 그렇다. 누구나 주목받고 싶어 하고, 연예인이 되고 싶어 한다.

오로지 타인의 관심을 받기 위해, 또는 이득을 취하기 위해 자신의 모습을 꾸며내는 사람들은 금방 본모습을 들키거나, 끝내 무너지는 등 오래가지 못한다. 예부터 지금까지 마지막에도 인정받는 사람은 항상 스스로를 돌아보고, 꾸짖고, 올바른 가치관을 유지하기 위해 꾸준히 노력하는 사람들이었다.

남에게 바라기 전에
우선 나를 돌아보자

20대의 순수한 시절에는 세상을 변하게 하고 싶다, 남들과 다른 인생을 살겠다, 부자가 되겠다, 훌륭한 연구학자가 되겠다 등 열정을 갖고 산다. 이 열정을 꾸준히 유지하는 사람도 있지만, 그렇지 않은 경우도 많다. 나이가 들며 세상의 온갖 경험을 하고 나면 결코 녹록하지 않은 현실을 만나게 된다. 그러면서 젊은 시절에 생각했던 모습과 다른 나를 깨닫게 된다.

공자는 〈자한〉 편에서 '한 겨울의 추위가 된 연후에 소나무와 잣나무가 늦게 시든다는 것을 알 수 있다'라고 말했다. 이 말은 어려운 일을 겪을 때 비로소 그 사람의 진면목을 볼 수 있다는 말도 되지만, 한편으로는 정말로 힘든 일을 마주칠 때 나의 참모습을 마주할 수 있다는 뜻이기도 하다.

죽음에 직면한 암환자는 자신과 주변의 모습을 가감 없이 마주하게 된다. 막상 큰 병에 걸려서 좌절하고 있을 때 조용히 조금이나마 병원비를 보태는 사람도 있는 반면, 오히려 막역한 사이라고 생각한 친구에게서는 연락 한 통 없을 때도 있다. 평소 연락하지 않고 친하지 않은 친구라면 당연히 그럴 수 있지만, 나름대로 경조사도 신경 쓴 친구에게 무시를 당하면 어떤 기분이 들까?

남에게 베푸는 것을 미덕으로 여기는 친구는 자신의 경제적 상황과 상관없이 기꺼이 도움을 줄 것이다. 그것이 아주 적은 돈이라도 말이다. 학창 시절의 그 모습 그대로, 그 친구는 따뜻한 마음을 유지하고 있는 것이다.

시점을 주위에서 '나'로 돌려 보자. 그렇다면 과연 나는 어떤가? 나는 예전이나 지금이나 같은 마음으로 상대방을 대하고 있는가? 세월이 흘러서도 마찬가지인가? 죽음을 향해 갈 때도 여전히 예전의 나의 모습을 유지하고, 나와 상대방에게 최선을 다하고 있는가? 나는 소나무와 잣나무와 같은가, 아니면 화려한 꽃처럼 쉽게 피고 지는가?

'나'를 유지하기 위한 노력은
죽을 때까지 계속된다.

철인황제를
탄생시킨 자양분

"나의 할아버지 베루스로부터 품위와 온화함을 배웠다."

"From my grandfather Verus: Decency and a mild temper."

마르쿠스 아우렐리우스, 《명상록》에서

《명상록》의 제1권에는 마르쿠스 아우렐리우스가 감사하고 싶은 사람들이 나온다. 그 첫 번째는 자신의 조부인 마르쿠스 안니우스 베루스(Marcus Annius Verus)다. 조부는 마르쿠스의 생부가 일찍 세상을 떠나자 마르쿠스를 양자로 삼았고, 거의 90세까지 살다가 죽었다. 조부는 로마의 집정관을 무려 세 번이나 지낼 정도로 명망이 있었다. 그랬기 때문에 마르쿠스는 첫 번째로 감사하는 인물에 할아버지 이름을 올렸다. 물론 그의 아버지 역할까지 했으니 더 감사한 마음이었을 것이다.

생부는 마르쿠스가 3세일 때 운명을 달리했지만 사람들에게 성실하고 남자다웠다고 인정받은 사내였다. 그의 어머니 도미티아 루킬라(Domitia Lucilla) 또한 훌륭한 품성으로 유명했다. 그는 사람들에게 관대했으며, 상당한 부를 상속받았지만 함부로 낭비하지 않았고, 죽을 때까지 검소한 생활 태도를 유지했다, 또한 외증조부 덕분에 훌륭한 선생님들로부터 교육을 받을 수 있었다. 철학, 미술, 음악, 삶의 태도 등 범위도 방대했다.

특히 루스티쿠스라는 철학자이자 정치가를 통해 스토아학파 철학자인 에픽테토스를 알게 되었다. 에픽테토스는 마르쿠스의 사상과 생각에 지대한 영향을 끼쳤다.

1권에서 가장 많은 지면을 차지한 사람은 마르쿠스의 양부였던 안토니누스 피우스(Antoninus Pius)이다. 그는 앞서 언급한 조부 마르쿠스 안니우스 베루스의 딸과 결혼했기에, 마르쿠스의 삼촌이기도 했다. 안토니누스는 하드리아누스 황제의 뒤를 이어서 즉위했다.

안토니누스는 재임했던 23년 동안 마르쿠스에게 가장 이상적인 황제의 모습을 보여줬다. 심지어 마르쿠스가 "내가 양아버지를 만난 것은 신들의 은총"이라고 말할 정도였다. 양아버지는 허영심과 교만함을 경계했고, 궁전에서도 호위나 화려한 옷, 횃불을 들어주는 자, 조각상 같은 허례허식을 피했다. 평민과 거의 비슷한 생활을 하면서도 그 위엄을 잃지 않고 나라를 돌보는 명군이었던 것이다.

나의 롤모델은
누구인가?

한 사람의 인생에 지대한 영향을 끼치는 롤모델은 한 명이 될 수도 있고, 여러 명이 될 수도 있다. 마르쿠스는 좋은 조상, 좋은 부모, 좋은 누이뿐만 아니라, 좋은 스승들, 좋은 친구들 등 자기 주변의 거의 모든 사람을 신에게서 얻었다고 말했다. 그가 훌륭한 성품을 갖게 된 것은 결코 우연이 아니었다. 주변의 훌륭한 사람들이 모범을 보였고, 마르쿠스 또한 이들에게 본받아 더 나은 사람이 되기 위해서 노력한 것이다.

우리는 어떠한가? 나의 인생에 영향을 미친 롤모델은 누구인가? 그들은 마르쿠스처럼 할아버지, 아버지, 어머니, 좋은 스승, 친구 등 누구라도 될 수 있다.

나의 롤모델은 아버지다. 아버지는 고지식할 정도로 청렴했고 고집도 셌지만, 늘 발전하기 위해서 노력했고, 도전을 두려워하지 않았다. 일흔이 되어서도 책을 읽고, 집필 활동을 이어가고, 혼자서 아프리카와 남아메리카를 다녀오기도 했다. 또한 후배들을 늘 잘 챙겨서, 지금도 아버지를 찾는 후배들이 있다.

회사에서도 인생 선배, 스승들을 만났다. 내가 회사 생활을 하면서 늘 명심하는 것은 "숫자와 정보가 나에게 모이게 하라"라고 충고해 준 옛 직장 상사의 말씀이다. 그래서 그 말대로 회사 생활을 하려고 노력했고, 끝내 그 조언대로 이루기도 했다.

이렇듯 나의 롤모델은 모두 내 주변에 있었다. 그렇다면 과연 당신의 롤모델은 누구인가? 만약 아직 만나지 못했다면 눈을 크게 뜨고 주위를 세심히 관찰해 보길 권한다.

나는 누구의 롤모델이 될 것인가?

학교 앞에서 입학 동기들을 만나 함께 술잔을 기울였다. 그 식당에서 한참 후배들을 만났고, 그 중의 한 명에게 명함을 건네며 인생 선배로서 해 줄 조언이 있다면 해 주고자 했다. 그렇다고 내가 그 후배의 롤모델이 된 것이라 생각하지는 않는다. 하지만 나 스스로 그렇게 생각하지 않더라도 후배들 중 누군가는 나를 롤모델로 여길 수도 있다.

어쩌면 타인의 롤모델이 되어 그의 인생에 영향을 미치는 것이 우리가 세상에 남길 수 있는 유일한 흔적이 아닐까 싶다. 비록 내가 세상을 떠나고 육신은 사라지더라도 누군가의 기억에는 나의 행동과 말이 남아 있을 것이기 때문이다. 더군다나 자신의 흔적을 글이나 영상으로 남겼다면 그 전파력과 생존력은 더 길 수밖에 없다.

허명(虛名)을 남기라는 말은 아니다. 혹은 감히 자신은 그러한 롤모델이 될 자격이 없다고 생각할 수도 있다. 하지만 누군가는 나의 기록과 행적을 인생의 귀감으로 삼고, 반대로 내가 잘못한 행동이 있다면 그것을 거울삼아 같은 실수를 하지 않겠다고 다짐할 수 있다. 또한, 우리가 건넨 따뜻한 말 한마디, 충고, 행동은 자신도 모르게 다른 사람의 인생을 바꿀 수도 있다.

그렇기에 롤모델은 중요하다. 나는 지금 누구의 롤모델이라고 생각하는가? 누군가의 롤모델까지는 되지 않더라도 앞으로 어떤 자세로 남은 인생을 살아야 할 것인가? 나의 죽음 뒤에는 무엇이 남을 것인가?

죽음 뒤에도 남는 것은
타인의 기억 속
나의 말과 행동이다.

'도덕경' 속에는
인생의 원리가 있다

도는 낳는 것이고, 덕은 축적하는 것이다.

道生之(도생지), 德畜之(덕축지)。

《도덕경》, 제51장에서

도(道)는 새롭게 낳는 것이고, 덕(德)은 만든 것을 축적하는 것
이다.

이는 세상의 가장 기본원리를 설명하는 구절이다. 결국 자연
이 생명을 만드는 것이 '도'라면, 그 생명을 길러 주고 성장시키
고, 축적하는 것이 바로 '덕'이다. 이것이 모여서 바로 '도덕'이
되는 것이다. 여기에서 도덕은 우리가 일반적으로 인식하는 사
회적인 규범이나 양식을 뜻하는 것이 아니라, 생성과 축적의

보다 고차원적인 의미다.

'도덕'의 원리는 우리의 인생과 같다. 한 인간이 태어나 성장하는 일은 혼자 힘으로 이룰 수 없다. 부모 덕분에 세상과 만나고, 부모와 스승의 교육을 통해 지식과 지혜를 쌓으며 성장한다. 그렇기 때문에 우리가 세상에 태어난 목적에는 새로운 것을 창조하는 것(生)도 있지만, 무엇보다 다른 사람들을 돕고 덕을 베풀면서 이 사회가 잘 유지되도록 만드는 데도 있다.

삶의 의미가 궁금하다면
우선 생각해야 할 것

나이가 들면서 가지게 되는 첫 번째 질문은 바로 '존재의 이유'다. 내가 왜 이 세상에 태어났는지에 대한 질문이다. 하나님의 뜻일 수도 있고, 다른 신(神)의 뜻이거나 아니면 그냥 우연일 수도 있다. 하지만 무엇이 되었든 자신만의 이유를 찾아야한다. 그렇지 않으면 죽을 때까지 이러한 질문을 갖고 살 수밖에 없다.

이렇게 질문하고 답을 찾는다는 목적이 있어야 그 삶이 보다 다채롭고 의미를 갖게 된다. 이는 마치 김춘수의 시에서 이름을 불러 주었더니 꽃이 되었다는 표현과 마찬가지다.

우리는 모두 누군가의 무엇이 되고, 어떤 의미로 남고 싶어 한다. 이를 위해 내가 존재하는 목적, 사명의식을 가질 필요가 있다. 만약 내가 의사라고 하자. 의사라는 직업은 많은 이들에게 각광받지만 환자의 건강을 책임진다는 측면에서 상당한 책임감이 필요하다. 안정적인 직장이라는 장점도 있지만 그만큼 스트레스도 큰 편이다. 환자의 생명을 담보로 하는 분야라면 더욱 그럴 것이다. 그렇기 때문에 어떤 사명의식이 있지 않다면 의사라는 일은 무척 힘겹게 다가온다.

거창하게 생명까지는 아니더라도 어느 회사의 경리로 일하고 있다고 가정해 보자. 수많은 전표를 처리해야 한다면 상당한 부담감이 엄습할 것이다. 전표 내용 중에서 이상한 부분은 반드시 찾아내 이의를 제기해야만 한다. 참으로 성가신 일이 아닐 수 없다. 하지만 이러한 일 역시 회사의 비용 측면에서 중요한 역할이라고 인식한다면 일의 보람을 느끼고, 업무에서 오는 스트레스를 전보다 줄일 수 있게 될 것이다.

사명감은 나의 인생에 의미를 부여한다

사명감을 부정적으로 바라보는 사람도 있다. '싫은 일도 억지로 해내야 한다'는 뜻으로도 느껴지기 때문이다. 만약 정말로 하기 싫은 일에 사명감을 부여한다고 해서 일을 대하는 의식까지 바뀔지는 알 수 없다. 하지만 한 번쯤은 시도해 볼 만한 일이다.

회사에 청소 업무를 담당하는 여사님이 계신다. 이분은 직원들에게 항상 친절하고, 불편한 것이 없는지 늘 질문을 하신다. 단골로 찾는 미용실 원장님도 마찬가지다. 그분은 자신이 만족할 때까지 최선을 다해 손님의 머리를 만진다. 이것이 바로 사명감이고, 공자가 말한 덕이다.

언급한 두 사람의 예시처럼 덕을 쌓는다는 마음으로 일을 한다면 우리 삶에서 일의 가치는 더욱 커질 것이다. 나중에 세상을 떠나려고 병상에 누웠을 때, 과연 우리는 어떤 생각을 하게 될까? 가족을 위해 평생 등골이 휘도록 일만 하다가 떠나서 억울한 마음일까? 아니면 가족뿐만 아니라 사회, 인류에 조금이나마 공헌을 했다는 만족감을 갖게 될까?

죽음이 있기 때문에 사명감은 더욱 빛을 발한다. 유한한 삶의 아쉬움은 결국 '사명감'으로 채울 수 있다. 나는 지금 어떤 사명의식을 갖고 있는가? 거창하지는 않더라도 죽기 전 가족, 친구, 사회에 무엇을 남길 것인지 생각해 보자.

후회 없는 삶을 위해
무엇을 하고 무엇을 채울 것인가?

죽음이라는 거울 앞에 선다면?

죽음의 재발견

죽음은
마지막 성장의 기회다.

엘리자베스 퀴블러 로스 Elizabeth Kubler Ross

몽테뉴가 반드시 지킨
단 하나의 습관

대인은 갓난아기의 마음을 잃지 않는 자이다.

大人者(대인자) 不失其赤子之心者也(부실기적자지심자야).

《맹자》, 〈이루〉 편에서

나이가 들수록 생각은 복잡해진다. 회사 업무뿐만 아니라 앞으로의 계획, 가족과 얽힌 일, 좋은 일, 나쁜 일 등등 끝이 없다. 젊은 시절에는 온전히 나에게만 집중할 수 있는 여유가 있었다면, 시간이 흐를수록 나를 둘러싼 사람들에게 더욱 신경을 쓰게 된다. 그러다 보니 밥을 먹어도 일 생각, 가족 생각, 쉴 때도 마찬가지다.

많은 사람이 스트레스를 받을 때면 현실을 외면하고자 한다. 중장년층의 OTT(온라인동영상 서비스) 소비가 갈수록 늘어나는 것도 이유가 있다. 그런데 이렇게 현실을 외면하는 것은 단지 문제를 회피하려는 습관일 뿐이다. 또한 가상의 세계에서 더 오래 머무를수록 현재를 온전히 즐기기 힘들다. 음식의 감촉, 아름다운 음악, 신선한 공기, 맑은 하늘, 또는 비 오는 광경, 아이들의 웃음소리 등등을 정말 잊고 싶은가?

맹자가 '대인은 어린 아이의 마음을 잃지 않는 자'라고 말한 것도 이와 같다. 아이와 같은 순수함을 갖고 살라는 것이다. 탐욕과 권력에 눈이 멀다 보면 점차 순수한 마음은 사라지고, 모든 생각과 행동이 정치적으로 변하기 때문이다. 남들을 배려하기보다는 나의 잇속을 챙기고, 손해를 보지 않으려 계산기를 두드린다. 그러면서 나의 생각과 행동, 심지어 얼굴과 눈빛도 변하게 된다.

나의 하루에 집중한다는 것

중요한 것은 아이의 순수한 마음으로 하루를 온전히 누리는 것이다. 머릿속 계산기는 잠시 내려놓고 업무를 할 때는 업무를 즐기고, 밥을 먹을 때는 밥을 즐기고, 술을 마실 때는 술을 즐기는 것이다.

몽테뉴는 《수상록》에서 '나는 춤을 출 때 춤만 춘다. 잠을 잘 때는 오직 잠만 잔다'라고 이야기했다. 한번 생각해 보자. 우리가 무언가를 할 때 진심으로 몰두한 적이 일 나나 될까? 어린 시절 친구들과 놀 때는 오직 거기에 몰두해서 진심을 다했다. 저녁에 해야 할 밀린 숙제, 내일 있을 학교 수업은 그다지 신경 쓰지 않는다. 땀을 흘리고 쓰러지기 직전까지 뛰어 논다.

과거의 나와 비교하면 어른이 된 지금은 어떠한가? 놀더라도 내일 있을 보고서, 이번 주까지 내야 할 세금, 아이들 학원 문제, 퇴직 후의 미래, 상사와 다른 직원들과의 관계 등 머릿속이 복잡하다. 물론 온전히 즐기는 사람들도 많을 것이다. 하지만 어릴 때에 비해 어려워진 것도 사실이다.

오늘이라는
소중한 선물

수많은 고전에서 인생의 행복을 위해서는 '지금 이 순간'에 충실하라고 권유한다. 사람들은 그러한 말을 들을 때마다 고개를 끄덕이며 진심으로 공감한다. 하지만 얼마 지나지 않아서 다시 예전의 나쁜 버릇이 살아난다. 내일, 모레, 한 달 후, 일 년 후를 걱정한다. 지금 걱정하는 일들이 실제로 일어날 확률도 낮은데 말이다.

어른이 되자 휴식을 취하면서도 늘 미래에 대한 불안감에 시달리게 되었다. 다만 그 정도가 예전보다 약해지기는 했다. 전보다 좀 더 집중할 거리가 생겼기 때문이다. 저녁에는 산책을 즐기고, 주말에는 독서와 글쓰기, 운동에 몰두한다. 물론 마음속은 완성해야 할 보고서, 분석해야 할 데이터, 부서의 미래, 직원 관리, 상사와의 관계 등을 생각하느라 복잡하다.

하지만 적어도 쉴 때는 거기에 빠지기보다는 내가 좋아하는 것에 더 집중하고, 생각을 잠시 미뤄 둔다. 그리고 업무를 시작할 때는 그 문제에 온전히 집중한다. 신체적으로 건강을 관리하고, 정서적으로도 마찬가지다. 가상공간에서 보내는 시간은 주말에도 최소화하려고 한다.

결국 습관의 문제다. 한창 바쁠 때는 모르겠지만, 시간적인 여유가 생기다 보면 공허한 마음이 들 것이다. 그것을 쇼핑 같은 다른 무언가로 채우려고 해도 마음의 빈공간은 채우기가 어렵다. 명상, 운동, 독서, 봉사 등 내가 몰두할 수 있는 것이 필요하고, 거기에 들이는 정성을 계속 늘려야 한다. 우리는 무언가에 온전히 집중할 때 비로소 행복과 충만감을 느낀다.

갈수록 복잡해지는 세상에서 순수하게 집중할 열정이 필요한 이유다. 그래야 열정적으로 살아갈 수 있고, 나중에 인생의 끝자락을 미소 지으면서 맞이할 수 있다.

죽기 전까지 하루를 소중히 여기는 마음을 갖는다면 어떨까? 주어진 하루를 허투루 쓰지 않고 충실하게 보내는 그런 마음 말이다. 그러기 위해서는 우선 나의 습관을 돌아봐야 한다. 나는 지금 온전히 인생에 집중하는가? 아니면 고민과 번뇌로 가득 차 있는가? 그로 인해서 나의 소중한 인생과 건강을 낭비하고 있지 않은가?

오늘 하루를
소중히 하는 습관은
죽기 전까지 이어져야 한다.

공자와 키케로가
평생 실천한 삶의 자세

나도 새로운 것을 시도했다네.
늙은 나이에 그리스어를 혼자 공부했지.
나는 긴 갈증을 해소하려는 사람처럼 이 연구에 몰두했어.

I've done the same,
teaching myself Greek as an old man.
I have seized on this study like someone trying to satisfy a long thirst.

키케로, 《어떻게 나이 들 것인가?》 제2장에서

예전에 어떤 노 교수의 강의를 들은 적이 있었다. 그는 일본 문화와 역사에 탁월한 식견을 가진 사람이었다. 그런데 지금도 기억이 나는 것은 "전 이제 스페인어 공부를 시작했어요. 다음 주에 시험인데 큰일 났어요."라며 웃으며 했던 말이다. 노교수는 그때 이미 칠순에 접어들었지만 공부를 게을리 하지 않았다. 손녀를 보는 것도 좋았지만, 공부를 진정으로 즐긴다고 말했다. 그의 해맑은 미소가 지금도 기억에 남는다.

저명한 철학자, 학자뿐만 아니라 인생을 진정으로 즐기는 사람들에게는 공통점이 있다. 바로 늘 새로운 것을 시도한다는 점이다. 대표적으로 공부가 있지만, 꼭 공부기 아니더라도 새로운 것을 시도하는 데 두려움이 없다.

나이가 들면 사회적인 체면에 얽매여 익숙하지 않은 분야를 좀처럼 시도하지 않는다. 그것이 마치 체면을 손상한다고 여기기 때문이다. 하지만 인생을 진정으로 즐기는 사람들은 그렇지 않다. 늘 새로운 것에 시도하는 것을 삶의 중요한 가치라고 생각한다.

익숙함에서
벗어나기

키케로는 그것을 문학에서 찾았다. 특히 그는 배움을 강조했다. 솔론(Solon)이라는 시인이 늙으면서 새로운 것을 배우고 있다고 자랑했듯이 말이다. 이렇게 배움을 이어가는 것은 나에게 새로운 영감을 줄 수도 있지만, 더 중요한 점은 삶에 활력을 준다는 것이다. 특히 노인으로서 품위 있게 늙기 위해서는 이러한 배움을 멈춰서는 안 된다고 강조한다.

'공부의 신'이라고 불리는 공자는 "나는 태어나면서부터 아는 사람이 아니고, 옛것을 좋아하고 부지런하게 추구한 사람이다"라고 말했다. 공부를 향한 그의 열정은 제자들도 감히 넘보지 못했다. 또한 〈공야장〉 편에 '열 가구밖에 안 되는 조그마한 마을에도 반드시 성실하고 믿음이 나와 같은 사람이 있겠지만, 나처럼 배우기를 좋아하는 사람은 없을 것이다'라고 남긴 말도 인상적이다.

공자는 죽간을 묶은 가죽 끈이 세 번이나 끊어질 정도로 《주역》을 읽었고, 주석을 달았다. 그렇다고 하여 학문에만 정진한 것은 아니었다. 악기도 배우고, 노래도 즐겼다. 공자를 잘 모르는 사람들은 그가 고리타분한 학자라고 생각할 수 있지만, 전혀 사실이 아니다. 공자는 세상을 바꾸고 싶은 열망으로 인과 예의 정신을 주창했을 뿐만 아니라, 자신이 깨달은 바를 실천하려고 노력했고, 음악에도 상당히 조예가 깊었다.

공자는 29세에 사양자(師襄子, 노나라에서 음악을 관리하던 관리)로부터 거문고를 배웠다고 알려졌다. 이때의 유명한 일화가 있다. 공자가 처음 거문고를 배울 때 열흘이 넘도록 한 곡만 연습했다고 한다. 사양자가 그만해도 된다고 했지만 그는 운율을 익히기 위해서 연습하고, 음악에 담긴 의미와 음악을 만든 사람됨을 알 때까지 연습했다. 오죽하면 제나라에 있을 때 소악(순 임금의 음악)을 듣고 3개월 동안 고기 맛을 모를 정도였다고 한다. 그는 "음악을 만든 것이 이러한 경지에까지 이를 줄은 몰랐다"고 감탄했다.

공자의 손자인 자사가 저술한 《중용》에서도 배움의 중요성을 지속적으로 강조한다. 특히 성실함이 중요하다고 말한다.

배움이 없었더라도 배우기 시작하면 능숙해질 때까지 그만두지 않고, 질문을 시작했으면 알 때까지 그만두지 말고, 분별하는 데 분명하지 않다면 그만두지 않고, 실행했는데도 성실하지 않았다면 그만두지 않는다고 했다.

마지막에는 그 유명한 '인일능지기배지, 인십능지기천지(人一能之己百之, 人十能之己千之)'라는 말이 나온다. 다른 사람이 한 번에 할 수 있다고 해도, 나는 백 번이라도 할 것이며, 다른 사람이 열 번에 할 수 있다고 해도 나는 천 번을 할 것이라는 의미다.

새로운 것을 시도한다는 것

오스트리아 출신의 미국인 작가이면서 전설적인 경영 컨설턴트였던 피터 드러커(Peter Drucker)도 마찬가지였다. '지식노동자' 개념을 만들기도 했던 그는 무려 40여 권의 저서를 남겼다. 그중에서 3분의 2 이상을 65세 이후에 출간했다. 특히 3~4년마다 새로운 주제를 정하고 그 분야를 집중적으로 탐구한 것으로 유명하다. 무려 60년 이상 새로운 영역을 연구하는 데 시간을 투자했다. 그의 열정이 놀라울 수밖에 없다.

사실 우리도 할 수 있는 일이다. 업무에도 몰두해야겠지만,

그 외의 시간은 사교 활동 외에 나의 개발에 시간을 투자할 수 있다. 나이가 들수록 더 많은 시간이 생길 테니 그 시간을 투자하면 된다.

사람들은 노인이 되면 외로울 것이라는 두려움이 있다. 하지만 그렇게 속단할 필요는 없다. 춤을 배우고, 와인을 배우고, 언어를 배우고, 문학을 배우고, 요가를 배우는 등 할 것은 무수히 많다. 특히 다양한 부류, 또는 젊은 사람들과 같이 어울려서 배운다면 더 큰 동기가 될 것이다.

나이가 많다고 움츠러드는 순간 인생은 단순하고 지루해진다. 사람들의 인정과 명성으로 어떻게든 인생의 의미를 찾으려고 할 것이다. 하지만 그것은 하룻밤이면 사라지는 반딧불과 마찬가지다. 나의 마음을 들여다보고, 시도하고, 때로는 실패하고, 열정을 갖고 할 수 있는 일을 찾아야 한다. 우리에게 주어진 시간은 그다지 많지 않다.

반면 새롭게 시도할 일은 무궁무진하다. 끊임없이 배움에 정진하는 것은 노화를 늦추는 가장 좋은 방법이기도 하다. 이제 나에게 맞는 것을 찾아보도록 하자. 내가 죽을 때까지 즐기면서 공부할 수 있는 것은 과연 무엇일까? 죽을 때까지 남이 만든 콘텐츠를 바라보면서 죽음을 기다릴 것인가? 어떠한 삶이 더 나을지는 온전히 나의 선택이다.

죽을 때까지
새로운 배움에 시간을 투자하는 것이
늙지 않는 지름길이다.

공자의
진짜 스승은 누구일까?

태공이 말했다.
"사람이 태어나서 배우지 않으면
이는 마치 어두운 밤길을 걷는 것과 마찬가지다."

太公曰(태공왈),
"人生不學(인생부학), 如冥冥夜行(여명명야행)."

《명심보감》, 〈근학〉 편에서

영재 소리를 듣는 똑똑한 학생들을 인터뷰하면 공통적으로 듣는 이야기가 있다. 친구를 가르치면서 오히려 스스로 공부를 하게 되었다는 말이다. 사실 남을 가르치려면 그 주제에 대한 이해도가 높아야 한다. 내가 확실히 알지 못한다면 제대로 설명하기 어렵다. 직장에서도 마찬가지다. 후배들을 가르치다 보면 나도 오히려 배우게 된다. 예상하지 못한 질문을 받는 경우에 더욱 그렇다.

평생 배움을 유지하는 자세는 중요하다. 하지만 그냥 배우기만 한다면 큰 동기 부여가 되지 않는다. 목적이 분명해야 한다.

예를 들어, 내가 와인을 공부한다고 하면 누군가에게 가르친다는 마음가짐으로 학습하는 것이 효과적이다. 이때 블로그나 카페에 배운 것을 기록으로 남기면 도움이 된다. 기록을 남기다 보면 스스로 더 공부하게 되기 때문이다.

가르치는 것은
기브 앤 테이크다

내가 인생을 살면서 쌓아온 지식과 경험은 그 무엇과도 바꿀 수 없다. 그것은 나만의 노하우이기 때문이다. 하지만 안타까운 것은 많은 이가 이러한 유산을 타인과 공유하지 않은 채 떠난다는 점이다.

인류가 유사 이래로 지금 같은 문명의 발전을 이룰 수 있었던 것은 오직 끊임없이 이어져 온 정신적 유산 덕분이다. 그렇기에 내가 배운 것을 그냥 바닷가의 모래처럼 흔적도 없이 사라지게 하는 것은 너무 아쉬운 일이다. 비록 그 유산이 사소한 것이라고 해도 말이다.

공자는 15세에 학문에 정진하기로 결심하고, 30세에 스스로 자립했다. 그러면서 본격적으로 제자들을 양성하기 시작했다. 그런 공자조차도 자신이 배운 바를 알리다가, 오히려 제자나 다른 사람들로부터 배운 경우도 많다.

공자는 배움의 문턱을 낮췄지만, 무엇보다 학생이 노력하기를 주문했다. 하나를 가르치면 열을 깨닫는 경지까지는 아니더라도 배운 바를 복기하고, 삶에 적용하기 위해서 노력하고, 끊임없이 자신을 발전시키기 위한 노력을 중요시하며 다음과 같이 말했다.

한 모퉁이를 가르쳐 줬는데 나머지 세 모퉁이를 찾지 않는다면 다시 반복해서 가르치지 않는다.

안연이 그의 뜻을 이어 받아서 오직 학문에 정진했고, 그가 둔하다고 평가한 증자는 매일 세 가지 사항을 반복하면서 학문적 성취를 높였다.

나만의
정신적 유산을 남기자

그렇다면 우리는 왜 배워야하는 것일까? 주나라 태공(太公)은 "사람이 태어나서 배우지 않으면 이는 마치 어두운 길을 걷는 것과 마찬가지다"라고 말했다. 배움을 찾는 것은 인간의 타고난 본성이다. 호기심을 지니고, 어떻게 하면 더 나은 삶을 살지 성찰하는 것은 본능의 영역이다.

이미 학교에서 배운 지식, 직장에 나니면시 배운 업무로 충분하다고 생각할 수도 있다. 하지만 그것은 배움의 일부일 뿐이다. 그 외에도 우리가 배울 수 있는 것은 너무나 다양하다.

사회생활을 하면서 수많은 위기를 만나고, 그것을 극복해 낸 지혜도 마찬가지다. 마치 원시시대에 야생동물에 맞서다가 죽은 원시인들이 위험 신호를 알려주고, 이를 피하기 위해서 동굴에 숨거나 같이 힘을 합쳐서 싸우는 방법 등 다양한 것을 체득한 과정과 같다.

치열한 직장 생활도 마찬가지다. 회사에서 10년, 20년, 30년 살아남아서 자신의 자리를 잡은 사람들은 자신만의 생존 노하우가 있다. 마치 반도체 시장에서 수많은 사이클을 경험하고 살아남은 회사들이 자신만의 노하우를 갖고 있는 것과 마찬가지다.

위험을 겪고 살아남으면서 향후 어떻게 투자하고, 자금을 운용하고, 제품 전략을 세워야 할지 치열하게 고민하고, 이를 다음 경영진에 유산으로 물려준다. 물론 이러한 유산을 제대로 물려주지 않거나 또는 무시한 후대에서는 똑같은 실패를 경험하거나 자칫 시장에서 사라질 수도 있다.

공자가 30대에 본격적으로 제자를 양성한 것처럼, 우리도 충분히 그럴 수 있다. 가르치면서 배우고 성장하는 것이다. 내가 미흡한 부분을 알게 되고 이를 보완하고 극복하기 위해서 공부한다. 가르치는 것은 내가 성장하면서 동시에 배우는 지름길이다. 내 인생의 의미를 찾기 위한 방법이기도 하다.

우리는 본능적으로 베풀 때 큰 행복을 느낀다. 만약 남은 인생을 어떻게 살지 고민이 된다면, 내가 가진 정신적 유산을 어떻게 남길지 한번 생각해 보자. 그것은 SNS를 통해서, 또는 글이나 책, 강연, 아니면 다양한 기록을 통해서 얼마든지 이룰 수 있다.

나만의
고유한 정신적 유산을
남겨야 한다.

노자는 왜 '틀'을
깨기를 주문했을까?

도를 도라고 말한다면 도가 아니다.
이름을 이름이라고 부른다면 이름이 아니다.

道可道 非常道(도가도 비상도)。
名可名 非常名(명가명 비상명)。

《도덕경》, 제1장에서

나이가 들면서 자신의 가치관이 생기는 것은 좋지만, 그것이 '고집'이 된다면 문제다. 그야말로 고집불통이 되는 것이다. 꼰 대는 어른을 비하하는 말도 되지만, 실제로 문제가 있는 부분 도 분명히 있다.

자신의 경험을 우선시하고, 대화보다는 일방적인 강요를 한 다. 그 논리도 "남보다는 내가 맞다"라는 주장뿐이라 빈약하기 이를 데 없다. 그러한 성향은 나이가 들수록 더 굳건해진다. 그 렇기에 나의 그릇을 벗어난다는 것은 결코 쉬운 일이 아니다.

그릇에
갇히지 않는다는 의미

공자는 〈위정〉 편에서 '군자불기(君子不器)'라고 말했다. 군자는 그릇에 갇혀서는 안 된다는 말이다. 사실 이 말은 여러 가지로 해석된다. 그릇에 갇히지 말고 다양한 학문과 식견을 넓히라는 뜻도 되고, 자신을 하나의 틀에 가두지 말라는 이야기도 된다.

기원전 400여 년 전에 공자는 이단을 공격하는 것은 해롭다고 말하면서 포용의 정신을 강조했지만, 이러한 가르침이 후대에 오면서 퇴색한 것은 아쉬움이 남는다. 공자가 강조한 것은 인의 정신이고, 예는 그것을 표현하는 수단이라고 했다. 즉, 형식보다는 마음을 중요시했고, 이러한 그의 가르침은 장례 절차에도 마찬가지였다.

〈팔일〉 편에서는 '상례도 편하게 처리하는 것보다는 슬퍼하는 마음'이 더 중요하다고 했다. 하지만 점차 시대가 지나면서 정신보다는 형식이 더 중요시되었고, 거기에 많은 후손들은 번거로운 절차에 어려움을 겪게 되었다.

노자는 《도덕경》의 제1장에서 '도를 도라고 부르는 순간 도가 아니다'라고 말했다. '도가도 비상도(道可道 非常道)'라는 이 말은 '도'의 사상을 집대성한 것이다. 즉, 형식에 얽매이지 말고 본질을 잊지 말라는 것이다. 이는 공자가 말한 군자불기와 일맥상통한다.

물론 노자의 한계를 넘는다는 것은 공자의 것보다 더 무한한 확장이다. 이에 학문이나 관계를 모두 벗어나는 무위자연(無爲自然)의 경지를 일컫는다. 그냥 이 세상은 자연스럽게 두면 알아서 잘 돌아간다는 의미도 된다. 그렇기에 형식에 얽매이지는 말라는 것이다.

나의 한계를 벗어난다는 것

노자의 도가도 비상도는 '넓은 포용력을 갖고 받아들이고, 자신의 사고에 한계를 두지 말라'는 말로 들린다. 사실 너무나 많은 사람들이 자신을 하나의 '틀' 안에 가두어 두는 경향이 있다. 나이가 들수록 더 심해진다. 새로운 도전을 그만두고, 자신을 쉽게 정의한다.

사실 그 정의는 상대방보다 내가 내린 경우가 더 많다. "나는 원래 이래", "나는 원래 수학을 못해", "나는 원래 여행가는 것을 싫어해" 등등과 같은 것이 그것이다.

많은 경험을 하다 보면 자신만의 취향이 생기게 마련이다. 거기에 익숙해지고 편하게 된다. 그러면서 자신을 그 틀 안에 점차 가둔다. 편안함은 좋지만 때로는 새로운 시도도 필요하다. 인생은 짧다고 할 수 있지만, 어떻게 보면 또 길다. 오십이 아니라 육십이나 칠십에도 새로운 시도를 할 수 있다. 우리는 이미 많은 책과 미디어를 통해서 열정적으로 사는 멋진 어른들을 본다.

그런데 막상 내게 그렇게 살라고 하면 손을 내젓는다. 그것은 자신이 할 수 있는 일이 아니라고 여긴다. 주변에서 책을 쓰는 나를 부러워하면 나는 그들에게 글을 쓰라고 권한다. 하지만 대부분 손사래를 친다. "나는 글 솜씨가 없다", "나는 쓸 만한 이야기가 없다" 등등 이유도 다양하다.

세상에 같은 인생이 없듯, 사람들은 각각 다양한 경험과 지식을 갖고 있다. 마치 무지개처럼 다채롭기 이를 데 없다. 그렇기 때문에 나를 단정하고 한계를 짓는 것은 안타까운 일이다. 만약 내가 정말로 눈을 감는 그 순간이 왔을 때 나는 어떤 생각을 할까? 첫사랑이 그리울 수도 있고, 남은 가족에 대한 안타까움도 있을 것이다. 하지만 "만약, 내가 ○○을 했더라면?"이라는 후회를 남겨서는 안 될 것이다.

경험이 늘어나다 보면 결국 모든 것은 다 변하게 된다는 것을 알게 된다. 영원한 것은 없기 때문이다. 절대 진리라는 것도 마찬가지다. 《반야심경(般若心經)》에서 가장 널리 알려진 말인 '색즉시공, 공즉시색(色卽是空, 空卽是色)'이라는 말이 바로 이와 같다. 색즉시공에서 '공'은 공허하다는 의미가 아니고, 형태가 없다는 것이다. 즉, 계속 변한다는 의미다.

우리가 살면서 맞다고 믿는 것 중에는 틀린 것도 너무 많다. 좋은 대학, 좋은 직장이 곧 행복이라는 믿음이 꼭 정답은 아닌 것처럼 말이다. 삶의 질이 향상되는 것은 맞지만, 정신적으로 성숙하지 않다면 물질적인 풍요 역시 온전히 즐기고 감사할 수 없게 된다.

결국 이 세상에 절대적인 것이란 없다는 사실을 인정하고, 만물이 변할 수밖에 없다는 것을 알게 되면 좀 더 겸허하게 세상을 바라볼 수 있다. 우리가 무언가를 하나의 틀로 정의하는 순간, 그 틀에서 벗어날 수 없다. 나이가 들수록 더욱 그렇다. 길지도 않은 인생인데 죽기 전까지 틀 속에 갇혀서 산다면 안타까운 일이 아닌가? 죽음에 이르러서는 후회만이 남을 것이다.

새로운 것에 도전하고 생각하는 것이 인생을 알차게 사는 지름길임은 말할 것도 없다. 그동안 우리가 갖고 있던 선입견을 잠시 내려놓고 마음을 열어보자. 나의 틀을 깨고 스스로를 다시 한번 바라보자. 지금 우리에게 도가도 비상도의 정신이 필요한 이유다.

언제나 틀을
부수기 위해 살라.

어떻게 마음을
다스릴 것인가?

가장 좋은 방법은 분노의 초기 자극을 즉시 거부하고
분노의 첫 번째 불꽃에 맞서 싸우며
그것에 굴복하지 않기 위해 고군분투하는 것입니다.

The best course is to reject straightway the initial prickings of anger,
to fight against its first sparks,
and to struggle not to succumb to it.

세네카, 《어떻게 분노를 다스릴 것인가?》에서

그야말로 '분노의 시대'다. 분노학이라는 학문이 생겨야 될 것 같은 생각도 든다. 서로가 서로를 미워하고 증오하면서 전쟁이 일어나거나 광기어린 살인, 작게는 말다툼과 댓글 전쟁 등이 벌어진다.

우리는 왜 이렇게 분노하게 된 것일까? 나이가 들면서 우리는 이러한 마음을 다스릴 수 있을까? 사실 나이의 많고 적음과 상관없이 여기저기서 분노가 폭발하고 있다. 하지만 인생의 황혼기에 접어들면서까지 여전히 누군가를 미워하고 적대시할 필요가 있을까? 용서까지는 아니더라도 적어도 나의 마음의 평화를 위해서 노력해야 하지 않을까?

분노를
다스린다는 것

사실 이러한 광기는 예나 지금이나 마찬가지다. 물론 옛날은 정도가 더 심했을 것이다. 특히 왕이나 황제의 집권기에는 그 누구도 함부로 말을 할 수 없었다. 그들의 기분에 따라서 나와 내 가족의 목숨이 오락가락했기 때문이다.

세네카는 《어떻게 분노를 다스릴 것인가?》에서 로마 제3대 황제였던 칼리굴라의 광기에 대한 일화를 소개한다. 칼리굴라는 로마의 유명한 기사인 파스토르의 아들을 감금했다. 이유는 그의 아들의 잘생긴 외모와 잘 손질된 머리가 자신의 기분을 상하게 했기 때문이었다. 파스토르가 아들을 용서해 달라고 하자 황제는 기다렸다는 듯이 아들을 바로 사형에 처했다.

칼리굴라의 미친 행각은 여기서 끝나지 않았다. 갑자기 화려한 연회를 열고 거기에 파스토르를 초대한 것이다. 그에게 술을 한 통 하사하고 감시를 붙여서 지켜보게 했다. 그런데 파스토르는 아들을 잃은 슬픔을 전혀 보이지 않고 마음껏 술을 마셨다. 심지어 통풍에 시달리고 있었음에도 엄청나게 술을 마시고 만찬을 즐기며 겉으로 아무렇지 않은 척했다. 속으로는 미친 황제에 대한 원망과 증오로 가득 찼을 것이지만 말이다.

사실 여기에는 속사정이 있었다. 그에게는 또 다른 아들이 있었다. 만약 그가 분노하여 황제를 원망했다면 나머지 아들도 형장의 이슬로 사라졌을 것이다. 그는 끓어오르는 분노를 참아 아들의 목숨을 구한 것이다.

이렇게 만행을 저지르던 칼리굴라는 나중에 신임하는 장군에게 암살되고 만다. 그는 자신의 사소한 분노를 다스리지 못했고, 파스토르는 극한의 노력으로 분노를 잠재움으로써 위기를 피할 수 있었다.

마음을
바라본다는 것

나이가 들수록 점차 세상사에 초연하게 된다. 일희일비하던 일들이 사실 그다지 중요하지 않음을 알게 되기 때문이다. 인생의 희로애락도 결국 세월이 지나면서 자연스럽게 해결이 되거나 잊힌다. 이러한 인생의 지혜를 깨달으면 다행이지만 그렇지 않은 경우도 다반사다.

나이 어린 친구가 버르장머리 없다고 화를 내거나 가족이나 친구의 말 한마디에 감정이 오락가락한다. 심지어 누가 내 차 앞에 끼어든다고 경적을 울린다. 그런데 이런 분노의 감정들은 오래 지속되지 않는다. 얼마간의 시간이 지나가면 잊히는데도 거기에 너무 쉽게 좌우된다.

《어떻게 분노를 다스릴 것인가?》에 실린 또 하나의 일화가 있다. 고대의 유명한 철학자 플라톤의 집에서 배우고 성장한 한 소년이 집으로 돌아오게 되었다. 그는 집에서 아버지가 고함을 지르는 것을 보고 "플라톤 선생님 댁에서는 이런 것을 본 적이 없어요"라고 말했다. 어린 소년은 극도의 절제력이 있는 철학자의 집에 살면서 평온한 일상을 경험했고, 그런 플라톤의 교육을 받음으로써 마음의 평정을 유지하는 법을 익혔을 것이리라.

하지만 만약 이 소년이 계속 부모님 댁에서 날마다 고함치고 싸우는 모습을 본다면 어떻게 되었을까? 분명히 평온한 마음을 유지하지 못하고, 정서적으로 불안해하고, 나중에는 자신이 혐오하는 아버지의 모습을 따라가게 되었을지도 모른다.

나이가 들면서 잊지 말아야 할 것은 마음의 평정이다. 화가 나면 화를 내고, 기쁘면 기뻐하고, 슬프면 슬퍼하고, 고통스러우면 고통스러움을 보이고 싶은 것은 당연하다. 우리는 인간이기 때문이다. 아무런 동요가 없다면 그것도 이상하다. 하지만 점차 나만의 노하우를 찾아야 한다.

분노가 치밀어 오를 때 버럭 화를 내고 받아치기보다는 한 템포 잠시 쉬거나 아예 장소를 피하는 방법이 있다. 슬픔이 밀려

올 때도 거기에 너무 좌우되기보다는 기분을 환기하기 위한 노하우를 찾아야 한다. 예를 들어, 산책을 하거나 멘토나 친구, 가족과 같이 이야기를 하고 슬픔을 나누는 등의 방법이 있을 것이다.

우리가 인생을 마무리할 때도 이러한 노력이 도움이 된다. 치명적인 병에 걸리거나 곧 죽음이 임박해서 슬픔이나 좌절의 기분을 느낄 때, 평소 스스로 마음을 치유할 수 있는 방법을 찾는다면 마지막을 준비하는 데 힘이 될 것임에 틀림없다. 그것이 바로 인생의 지혜이고, 어른의 지혜다.

마지막 평화를 위해서
마음을 다스리는 법을
익혀야 한다.

소크라테스가 죽음으로써
우리에게 말해 준 것

❮❮❯❯

떠날 때가 왔습니다. 우리는 우리의 길을 갑니다.
나는 죽기 위해서 떠나고 당신은 살기 위해서 떠날 것입니다.
어느 것이 더 나은 것인지는 오직 '신'만이 알 것입니다.

The hour of departure has arrived, and we go our ways.
I to die, and you to live.
Which is better God only knows.

플라톤, 《소크라테스의 변명》에서

욜로(you only live once, YOLO)라는 말은 들어봤을 것이다.
반면에 요도(YODO)라는 말은 어떤가? 이는 'you only die once'
라는 문장의 줄임이고, 우리는 오직 한 번 죽는다는 의미다.

욜로는 하루하루 충실하게, 그리고 내가 원하는 것을 성취하
거나, 원하는 곳에 가도록 만드는 주문이다. 어떻게 보면 불필
요한 소비를 조장하기 위한 광고 회사의 좋은 선전 구호이기도
하다. 요도라는 말은 잘 사용하지 않는다. 우리 사회에서 '죽음'
이라는 것은 금기시 되는 말이기 때문이다. 하지만 우리가 부
정하고 외면한다고 하더라도 한 번밖에 없는 죽음은 누구에게

나 반드시 찾아온다.

중요한 것은 '어떻게 사느냐'도 있겠지만, '어떻게 죽느냐'에 대한 것도 있다. 소크라테스는 이 사실을 자신의 죽음으로 증명했다. 그는 아테네 청년들을 잘못된 길로 이끈다는 애매한 죄명으로 독배를 마셨다. 다른 국가로 망명할 수 있음에도 불구하고 죽음으로써 법을 지킨 것은 유명한 일화다.

"악법도 법이다"라는 명언이 직접 남긴 말은 아니지만, 그의 제자 플라톤이 지은 《소크라테스의 변명》에서 '당신은 지금 이 일(탈주)을 통해서 국가의 법과 국가 전체를 힘닿는 데까지 파괴하려는 것인가?'라고 이야기했다고 전해진다.

누군가는 죽기 위해 떠나고, 다른 누군가는 살기 위해 떠난다

이 책에서 소크라테스가 남긴 수많은 명언 중에서 다음과 같은 글귀가 있다.

떠날 때가 왔습니다. 우리는 우리의 길을 갑니다. 나는 죽기 위해서 떠나고 당신은 살기 위해서 떠날 것입니다. 어느 쪽이 더 나은 것인지는 오직 '신'만이 알 것입니다.

자신이 믿는 가치를 위해서 살고, 두려움 없이 세상을 떠나는 사람에게는 '죽음'이 가장 중요한 완결점임에 틀림없다. 살아 있다는 것이 꼭 인생의 승리를 의미하는 것은 아니다. 물론 삶은 중요하지만, 그 삶을 소중하게 여기지 않고 헛되이 낭비하는 사람에게 인생은 그다지 큰 의미가 없다. 나중에 죽음을 맞이하더라도 후회와 회한, 걱정과 원망이 가득한 채로 조용히 세상에서 사라지게 될 것이다.

반면 소크라테스는 죽음으로써 자신이 믿는 가치를 지켰고, 수많은 후대의 사람들에게 교훈을 안겼다. 그는 죽음을 '신의 뜻'으로 받아들였고, 자신에게 사형을 언도하고 고발한 사람들을 원망하지 않았다. 오히려 그는 "마땅히 해야 할 일에 관심을 쏟지 않아서 전혀 쓸모없는 자임에도 불구하고 자신이 쓸모가 있는 것처럼 잘못 생각할 수 있기 때문에, 착각하지 말라고 이들을(아테네 시민) 꾸짖어 주세요"라고 부탁하기까지 했다.

또한 소크라테스는 자신에게 엄격하게 법의 잣대를 들이댄 것처럼, 후대에도 사람들이 '미덕'보다는 '재물'에 더 눈독을 들인다면 이를 벌해야 한다고 강조했다. 이렇게 자신의 철학을 전달함으로서 그는 떳떳하고 의연하게 죽음을 맞이했다.

우리는
어떻게 삶과 죽음을 맞이할 것인가

《어떤 죽음이 삶에게 말했다》는 서울대학교 암 병원 종양내과 전문의인 저자가 지은 책이다. 이 책에서 저자는 다양한 암 환자를 만나면서 느낀 내용에 대해서 담담하게 기술했다. 그는 서문에서 의학의 발달로 늘어난 수명을 어떻게 쓰고 있는지, 이렇게 주어진 시간을 잘 사용하고 있는지 물었다. 그는 매일 마주하는 죽음 속에서 때로는 가슴이 아프기도 했지만 삶의 겸허함 또한 배웠다고 말한다.

일화 중 이러한 이야기가 있다. 어떤 폐암 환자가 있었는데 그는 오래전에 이혼해서 자식이 없었고, 동거인도 법적으로 부인이 아니라서 그의 병세가 깊어지자 미련 없이 떠났다. 그는 보호자 없이 혼자서 항암치료를 받고, 더 이상 회복의 기미가 없자 호스피스 병원으로 보내졌다. 남동생이 한 명 있었지만, 몇 년 전 2억 원을 빌려 주고 동생이 돈을 갚지 못하자 관계가 악화되어 연락이 끊기게 되었다.

나날이 악화되는 병세를 보면서 호스피스 팀은 우여곡절 끝에 동생을 찾아서 연락했고, 마침내 동생이 형을 찾아왔다. 이미 폐암 말기의 환자는 예전의 모습이 아니었다. 동생은 그동안의 어색함과 상관없이 마음이 아파 눈시울을 붉혔다. 환자는 힘겹게 동생에게 가까이 오라고 손짓했고 마지막 유언을 남겼다. "너… 내 돈… 2억… 갚아라…."

비록 동생이 돈을 갚지 않은 것은 잘못된 행동이었지만 형으로서 마지막 떠나는 길에 동생에게 돈을 갚으라는 유언을 남긴 것은, 그 사람이 가진 가치가 오직 돈뿐이었다는 것을 알려준다. 물론 배신감을 느낀 마음도 컸으리라.

남자가 그나마 편하게 떠나려면 동생의 빚을 탕감하고 남은 재산을 의미 있는 곳에 기부하고 떠나는 것이었을 것이다. 어차피 동생 외에는 남은 유족도 없기 때문에 이 세상에 태어난 의미를 조금이나마 찾는 방법일지도 몰랐다. 하지만 그 환자는 오직 동생을 향한 원망과 자신을 떠난 동거인을 향한 분노를 지니고 세상을 떠났다. 다행히 그의 시신은 동생이 거두었고 장례도 치렀다고 한다.

다시 한번 강조하지만 우리는 오직 한 번 죽는다. 잘 사는 것도 중요하지만, 소크라테스와 같은 의연한 죽음을 맞이하는 법을 배워야하지 않을까?

남을 원망하는 모습과
남에게 베푸는 모습 중
어떤 마지막을 원하는가?

수천 년 전에도
'죽음'을 탐구한 이유

문제가 발생하기 전에 잘 처리하고,
어지러워지기 전에 잘 다스려야 한다.

爲之於未有(위지어미유),
治之於未亂(치지어미란)。

《도덕경》, 제64장에서

경부고속도로를 타고 매일 출퇴근하다 보면 다양한 사고를 목격하게 된다. 내 앞에 있던 차들이 막 사고 난 것을 보면서 나도 얼마든지 그러한 일을 당할 수 있다고 생각한다. 자연스럽게 죽음을 맞이하면 다행이겠지만 그렇지 않은 경우가 다반사다.

지인이 젊은 시절 처음으로 차를 뽑아서 고속도로를 탔을 때의 일이다. 터널 앞에서 차가 정체되어 잠시 서 있었을 뿐인데 바로 뒤에 서 있던 차가 트럭에 받히며 그 밑으로 빨려 들어가고 말았다. 지인도 뒤의 차에 받혀서 차선을 넘어갔고, 의식을 잠시 잃은 후 깨어났다. 깔린 차에서 나온 운전자가 피를 흘리며 남은 사람들을 구하기 위해서 고군분투하던 모습이 지금도 기억에 생생하다고 전한다.

삶과 죽음이 이렇게 한 명의 운명을 얄궂게도 바꾸고 만다. 만약 지인이 당시 세상을 떠났다면 현재 남편을 만났을 리도 없다. 물론 다른 동료들과 술잔을 기울이며 과거의 경험을 회상할 일도 없을 것이다. 이외에도 우리 주변에는 수많은 죽음이 늘 도사리고 있다.

죽음을
준비한다는 것

죽음을 일상적으로 접하는 의사들은 누구보다 삶과 죽음에 대한 철학적 의미를 탐색하게 된다. 물론 직업적으로 환자를 만나다 보면 철학적 고민보다는 하루하루를 힘겹게 살아가기 바쁠 때도 있을 것이다. 응급의학과에서 근무하는 남궁인 의사도 마찬가지였다.

그는 밤부터 아침까지 응급실에서 근무하면서 매일, 매순간 죽음의 그림자가 나타났다가 사라지는 것을 목도했다. 갑자기 기도가 막혀서 죽어가는 환자의 기도를 억지로 열어서 호흡할 수 있도록 하고, 자살을 기도한 환자를 종종 만나기도 했다. 하지만 급박한 순간을 마치고 퇴근하면 그는 더 이상 '일'에 대해서 생각하지 않고 다시 일상으로 돌아온다. 그렇게 하지 않는 다면 정신적으로나 육체적으로 도저히 견딜 수 없기 때문이다.

그에게 삶과 죽음은 일상이었기에 자신이 겪은 일을 책으로 남겼다. 그것이 다른 사람들에게 삶과 죽음의 의미를 조금이나 마 전달할 수 있다고 믿었기 때문이다. 그는 죽음을 이야기하 면서도, 삶의 중요성을 더 강조하고자 했다. 사는 것은 힘들고 고통스러울 때도 있지만 그럼에도 살아야 한다고 말한다.

《우리는 왜 죽음을 두려워할 필요 없는가》의 정현채 서울대 의대 명예교수도 마찬가지다. 그는 이 책에서 과학적으로 죽음 을 탐구했고, 환생, 안락사, 자살 등 민감한 이슈도 다루었다. 말미에는 자신이 어떻게 죽음을 준비하는지도 기록했다.

수의는 무엇을 입을지 정하고, 납골당도 준비했으나 산중턱 에 있어서 딸들이 찾아오는 것이 힘들 것 같아서 해양장을 준 비했다고 한다. 장례식 때 틀 음악도 200곡 정도 골라서 USB에 담아 두었다. 심지어 자신의 죽음을 알릴 사람들의 범위를 정하 고, 장례식장에 띄울 사진과 동영상도 편집했다.

어떤 마음 자세로
세상을 살아가야 하는가?

지금으로부터 3천 년 전부터 수많은 철학자들이 삶의 목적과 의미에 대해서 탐구했다. 거기에는 늘 죽음이 함께 있었다. 죽음이 있었기 때문에 그 반대편인 삶에 대해서 생각한 것이다. 삶과 죽음은 동전의 양면 같은 것이다. 이미 우리는 이 둘이 함께한다는 사실을 잘 알고 있다. 지금 이 순간에도 새로운 생명이 태어나고 동시에 사라진다. 나 역시 주변 사람들의 죽음을 비롯하여, 죽음에 관한 책을 많이 접하면서 오히려 삶을 향한 소중함을 더 많이 느끼는 역설을 경험한다.

노자는 《도덕경》에서 '문제가 발생하기 전에 잘 처리하고 어지러워지기 전에 잘 다스려야 한다'고 말했다. 죽음도 문제 중의 하나다. 하지만 외면하기보다는 준비해야 하는 과정이다. 죽음을 준비하다 보면 지금 내가 가진 것이 얼마나 소중한지 알게 된다.

그동안 수많은 경험을 하고, 실패와 성공을 겪으면서 그다음을 생각하게 되었다. 인생이라는 것은 길다면 길수도 있지만, 지나고 보면 찰나와 같기 때문이다. 아이들의 어린 시절, 나의 젊은 시절이 마치 순간의 사진처럼 남아 기억 속 앨범에 머물고 있다.

이제는 남은 인생 동안 어떤 관계를 가질지, 이 사회에 무엇을 더 기여할 수 있을지, 어떤 유산을 남길 수 있을지 보다 진지하게 생각하게 된다. 죽음으로 완결(完結)될 인생을 상상하면서 말이다.

언제든지 죽을 수 있다는 생각으로
준비하는 자세가 필요하다.

삶이 묻고
죽음이 답하다

세상의 모든 생명은 죽는다. 이건 만고불변의 법칙이다. 우리는 '죽음'이라는 완결점이 자신의 생에 놓여 있다는 걸 알기 때문에 조금 더 나은 삶을 위해 투쟁한다. 하지만 각자의 방식이 다르더라도 내가 추구하는 가치가 정당한 것인지는 생각해볼 일이다. 나의 부귀영화를 위해서 다른 사람들을 정당하지 않은 방법으로 짓밟고 올라서는 것이 과연 성공이라고 할 수 있을까?

어니스트 헤밍웨이(Ernest Hemingway)의 《노인과 바다》를 보면 인생에 관해 많은 생각을 하게 된다. 어릴 적에는 단순히 노인이 상어와 사투하면서 자신이 정말 오랜만에 낚은 '대어'를 지키는 과정이라고 생각했다. 결국 실패하여 남은 것 없이 집으로 돌아갔다는 내용으로 여겼으나, 막상 이 책을 다시 읽으니 완전히 새롭게 다가왔다.

노인은 84일간 고기를 낚지 못해서 스페인어로 '살라오(재수 없는 자)'를 만났다고 불리고, 어부들에게 조롱을 당하기도 했다. 그와 함께 배를 타던 소년도 아버지의 반대로 다른 배에 타야 했다. 하지만 노인은 어느 날 혼자서 커다란 물고기를 잡고, 이후 상어와 사투를 벌이면서 성공하기 위한 강한 투지를 보였다. 비록 실패하여 뼈다귀만 앙상하게 남은 고기를 가져왔고, 녹초가 되어 며칠간 집에서 골아 떨어졌지만 말이다.

하지만 이 이야기는 여기서 끝이 아니다. 노인을 존경하던 소년은 노인이 다시 일어나길 기다리며 더 많은 것을 배우고자 했다. 뼈다귀만 남은 거대한 고기를 보면서 마을의 어부들도 놀랐고, 더 이상 노인을 조롱하고픈 마음도 사라졌을 것이다. 관광객도 뼈다귀만 남은 고기의 모습에 찬탄을 금치 못했다. 경제적인 면에서 실익은 없었지만, 그는 자신의 존엄한 명예를 지키고 많은 이들에게 영감을 제공했다.

이 노인처럼 자신이 믿는 가치를 위해서 용기를 갖고 투쟁하고, 정신적인 유산, 즉 '용기와 투지'를 다른 사람들에게 남기는

것이 더 위대한 것이 아닐까? 헤밍웨이는 이 책으로 노벨 문학
상을 받고 이렇게 이야기했다.

"아직 닥쳐오지 않은 허무를 위로하며 인생을 낭비해서는 안
됩니다. 단지 행동하는 자 앞에 인간의 존엄이 함께하는 법입
니다."

적어도 나는 산티아고 노인과 마찬가지로 죽는 그 순간까지
내가 믿는 가치를 위해서 노력하고 난 후에 떠나고 싶다는 것
을 깨달았다.

내가 죽음에 대한 책을 쓴다고 하자 쌍둥이 형제는 "아빠, 앞
으로 40년은 더 살 텐데? 그동안 살아온 긴 인생을 앞으로 또
길게 살 거잖아?"라고 말했다. 아직 아이들이 이해하기는 어려
운 이야기일 수 있다. 그러나 죽음을 마주할 줄 알아야 비로소
남은 인생을 어떻게 살지 방향성이 잡히게 마련이다. 그래서
죽음은 끝이 아닌 하나의 이정표가 된다. 이 책을 쓰면서 죽음
에 대해 보다 깊게 생각하고, 그와 동시에 삶에 대해서도 마찬
가지로 고민했다. 죽음이 있기 때문에 삶이 있는 것이고, 삶의
궁금증에 죽음이 답한 것이다.
　자, 이제는 나만의 답을 찾아야 할 때다. 어떻게 죽음을 맞이

할지에 대해서 말이다. 부디 이 책을 읽는 모두가 그 실마리를 찾았기를 바란다.

앞서 출간된 책에서는 《논어》에 집중했다면, 이번에는 동양과 서양의 고전들을 망라하여 꼭 기억해야 할 지혜라고 생각되는 책 위주로 골라 보았다. 이 책에서 소개한 고전들은 기회가 된다면 원문으로도 읽기를 권유한다. 물론 이외에도 좋은 고전들은 얼마든지 많이 있다. 나에게 맞는 책을 찾으면 된다.

끝으로 유노책주의 김세민 팀장님께 진심으로 감사의 말씀을 드린다. 김 팀장님이 제안해 주신 책 제목과 주제, 상세한 피드백, 깔끔하고 감수성 짙은 편집 실력에 늘 감탄한다.

인생의 순간순간을 빛나게 할 고전 속 죽음 공부

죽음 앞에 섰을 때
어떤 삶이었다고 말하겠습니까?

© 조형권 2023

인쇄일 2023년 8월 24일
발행일 2023년 9월 7일

지은이 조형권
펴낸이 유경민 노종한
책임편집 김세민
기획편집 유노책주 김세민 이지윤 **유노북스** 이현정 함초원 조혜진 **유노라이프** 박지혜 구혜진
기획마케팅 1팀 우현권 이상운 **2팀** 정세림 유현재 정혜윤 김승혜
디자인 남다희 홍진기
기획관리 차은영
펴낸곳 유노콘텐츠그룹 주식회사
법인등록번호 110111-8138128
주소 서울시 마포구 월드컵로20길 5, 4층
전화 02-323-7763 **팩스** 02-323-7764 **이메일** info@uknowbooks.com

ISBN 979-11-92300-79-5 (03190)